SIEGFRIED RUOSS

VIEL FÜRSTEN GAB'S UND WENIG BROT

SIEGFRIED RUOSS

VIEL FÜRSTEN GAB'S UND WENIG BROT

VON SCHERENSCHLEIFERN, BÜRSTENBINDERN UND ANDEREN KLEINEN LEUTEN IN WÜRTTEMBERG

THEISS

Bibliografische Information Der Deutschen Bibliothek
Die Deutsche Bibliothek verzeichnet diese Publikation in der
Deutschen Nationalbibliografie; detaillierte bibliografische
Daten sind im Internet über http://dnb.ddb.de abrufbar.

Umschlaggestaltung: Magdalene Krumbeck, Wuppertal,
unter Verwendung einer Aufnahme aus dem
Stadtarchiv Villingen-Schwenningen

Lektorat: Manfred Waßner, Münsingen
Satz und Typografie: Magdalene Krumbeck, Wuppertal
Gesamtherstellung: Druckerei Uhl, Radolfzell
ISBN 3-8062-1770-X

INHALT

VORWORT

Wer im vorliegenden Buch weitere Lobpreisungen auf die Landesherren von Württemberg und ihre Prunkbauten erwartet, der wird enttäuscht sein. Denn unser Interesse gilt der Geschichte der Bauern, Handwerker, Jäger und Wilderer, Bettler und Hausierer, also dem Leben der einfachen Menschen und somit dem ärmeren Teil der Gesellschaft des 16. bis 19. Jahrhunderts.

Die Lust- und Jagdschlösser, die prunkvollen Residenzen und prächtigen Kirchenanlagen, die wir heute noch bewundern, wurden häufig finanziert durch die Ausbeutung der unteren Schichten. Harte Frondienste sowie drückende Steuer- und Abgabenlasten trieben manchen Landbewohner in die Stadt, um der Knechtschaft des Adels und Klerus zu entgehen. Denn schon früher hieß die Parole: »Stadtluft macht frei.«

Korruption und Vetternwirtschaft, Ungerechtigkeiten in der Verwaltung und Amtsmissbrauch standen bei den Herrschenden häufig auf der Tagesordnung. Wenn dazu noch Missernten aufeinander folgten und dadurch ganzen Familien der Hungertod drohte, war der Entschluss zur Auswanderung schnell getroffen. Vor allem im 19. Jahrhundert versuchten tausende, in Amsterdam ein Schiff nach Amerika zu erreichen.

Auf der anderen Seite häuften die oberen Schichten ungeheure Reichtümer an. Anfang des 16. Jahrhunderts beispielsweise stiegen die Fugger, die zahlreiche schwäbische Besitzungen an sich brachten, zum mächtigsten Handelshaus Europas auf. Das Handelskapital dieser Familie belief sich 1546 auf fünf Millionen Gulden. Wenn man bedenkt, dass in derselben Zeit eine Magd an die zehn Jahre sparen musste, um vierzig Gulden für die Heiratslizenz vorzuweisen, kann man sich das riesige Vermögen ungefähr vorstellen. Diese reichen Herren haben viele Spuren in der Geschichte hinterlassen, wie beispielsweise die »Fuggerei« mit ihren Wohnhäusern für Arme in Augsburg, die sie erbauen ließen, nachdem sie ihre Untertanen lange und schwer unterdrückt hatten.

Schwieriger ist es dagegen, Spuren der vielen kleinen Leute zu finden. Für die jüngere Vergangenheit waren es unzählige Gespräche, die diesem Buch zugute kamen. Es ist immer ein besonderer Glücksfall, einen Zeitzeugen zu treffen, der sich an die so genannte »gute alte Zeit« oder Gespräche mit seinem »Ähne« oder »dr Ahna« erinnert. Nicht umsonst hieß es: »Wenn a alter Schwob schtirbt, got a ganza Bibliothek verlora.«

Manche solcher Bibliotheken haben mit ihrem Wissen zu diesem Buch beigetragen, das auf diejenigen aufmerksam machen will, deren harte Schicksale leicht vergessen werden: Wilderer und Auswanderer, Bürstenbinder und Quacksalber, Scherenschleifer und Sandgräber, Samenhändler und Schindelmacher, kurz: Menschen, die noch bis ins 20. Jahrhundert hinein hart ums Überleben kämpften und dabei leicht »unter die Räder« kamen.

DAS WILDBRET – SYMBOL DER MACHT

Mit dem Wald verbinden die meisten Menschen positive und angenehme Gedanken. Wälder zu durchwandern, bedeutet auch für viele Schwaben das höchste der Gefühle. Hier können sie neu auftanken und ihre Seele baumeln lassen.

Der Wald vermittelt Geborgenheit und das Gefühl, zu Hause zu sein. Wald ist auch gleichbedeutend mit dem Wort Heimat. Unsere Urinstinkte erinnern uns an die Jagd unserer Vorväter – viele von uns werden wieder selbst zum Jäger.

Der Wald lieferte jahrtausendelang Holz zum Kochen und Braten und sorgte für warme Stuben. Die ersten Häuser aus Holz boten Schutz vor Kälte, Sturm und Überfällen. Der Wald war die »heilige Kuh« unserer Altvorderen, gab er ihnen doch Nahrung, Wärme und Viehfutter, zudem Schutz in Kriegszeiten. Heute ist der Wald mehr oder weniger ein großer Freizeitpark, zur Freude der Erholung suchenden Städter und Touristen – und zum Leidwesen der Jäger. Das Wild fühlt sich in seiner Ruhe, besonders an Wochenenden, gestört. Neu angelegte Kinderspielplätze, Grillstellen und Jogging- und Reitpfade sorgen für erhebliche Unruhe. Dazu kommen im Winter noch die Skiwanderer. Neue Störenfriede sind die »Biker«, die mit ihren geländegängigen Fahrrädern jede Ecke des Waldes erforschen. Dies alles ist dem Jäger natürlich ein Dorn im Auge, da das Wild dadurch noch im letzten Winkel aufgescheucht wird.

Aber man hat sich arrangiert. Die Zeiten, in denen der Wald als große Spielwiese des privilegierten Adels und Klerus betrachtet wurde, sind endgültig vorbei. Heute sind in Deutschland rund 330.000 Jägerinnen und Jäger registriert. Der waldreiche Landkreis Reutlingen beispielsweise hatte 1973 allein 570 Jagdscheininhaber. Die bejagbare Fläche beträgt 32 Millionen Hektar und ist in ca. 70.000 Reviere eingeteilt. Zusammengeschlossen sind die Damen und Herren mit dem grünen Anzug im »Deutschen Jagdschutzverband e.V.«, der nach dem Rechten sehen soll und dies meistens auch tut. Doch die Jägerschaft hat viele Feinde und Neider. Dass die Jägerei eine Angelegenheit der Reichen und Mächtigen sei, ist eine Legende aus der Vergangenheit. Immerhin sind allein siebzehn Prozent der Jäger und Wildheger Landwirte, fünfzehn Prozent Beamte, sechzehn Prozent Angestellte, zehn Prozent Kaufleute, dreizehn Prozent Handwerker und der Rest verteilt sich auf andere Gruppen. Die Gegner der grünen Zunft machen ihr schwere Vorwürfe. Sie bezeichnen sie als Freizeitjäger, die am Wochenende nur auf einen schnellen Schuss aus seien und ansonsten im »Jägerhäusle« die »Sau rauslassen«. Die Reviere seien überhegt und erhebliche Verbiss-Schäden am Jungwuchs vernichteten den Wald von morgen. Die »Überbevölkerung des Wildes« richte den Wald zu Grunde. Teure Verbiss-Zäune schützen die Neuaufforstungen und müssten auf Kosten der Steuerzahler angelegt werden. Sie fordern kleinere Reviere und weniger Wild. Die andere Seite weist die Angriffe entschieden zurück. So sollen in der Jagdsaison 1992/93 allein mehr als eine Million Rehe erlegt worden sein. Aber auch das seien noch zu wenig – meinten die Gegner. Die Versicherungswirtschaft beklagt die steigende Zahl der Unfälle mit dem Haarwild. Im Jahr 1999 wurden 223.000 Wildunfälle registriert.

Dass die Jägersprache viele Spötter auf den Plan ruft, ist eine ganz andere Geschichte. Bei der Jagd herrschen noch die guten alten Sitten. Das Brauchtum wird groß geschrieben. So heißt das Blut Schweiß, die Rehe und Wildsäue werden in fröhlicher Runde tot getrunken; wenn zum Beispiel ein Auerhahn davon fliegt, dann reitet er ab. Und wenn der Jäger endlich zum Schuss kommt, lässt er die Kugel fliegen und das Wild hat die Kugel angenommen.

Wie sagte meine Großmutter:
Jedem Tierchen sein Pläsierchen.

Böse Zungen behaupten:
Jäger, Schäfer und Lumpen,
wachsen auf einem Stumpen.

Auch der Humor kommt bei der Jägerei nicht zu kurz. So beginnt eine gute Jagd schon in aller Herrgottsfrühe so »zwischa Dag ond siehsch me net«. Doch manch guter Vorsatz blieb schon im Federbett stecken.

»A liabs Mädle ond a guats Bett,
hent scho manchem Böckle 's Leba grett.«

Ja, lustig ist die Jägerei. Doch das war nicht immer so. Die Bauern auf der Alb hätten in früheren Zeiten ein Liedchen davon singen können. Darum machen wir zusammen eine Zeitreise ins 15. Jahrhundert, als die Menschen von ganz anderen Problemen geplagt wurden.

Bis ins 15. Jahrhundert konnten die Bauern in freier Wildbahn ihren Sonntagsbraten schießen, denn Wild gab es im Überfluss, wie wir noch sehen werden. Wir müssen auch bedenken, dass im Mittelalter Altwürttemberg, besonders die Alb, dünner besiedelt war als heute und die Bauern ihre Schweine ungeniert in die Wälder zur Eichelmast treiben konnten. Zudem sammelten sie Besenreis und Holz zum Hausgebrauch. Wichtig war auch das Einbringen von Blättern, die als Einstreu, Dung und im Notfall auch als Viehfutter dienten.

Das 15. Jahrhundert war die Zeit Graf Eberhards im Barte von Württemberg, der die Geschicke des Landes von 1445 bis 1496 lenkte. Von ihm berichtet das im Ländle wohlbekannte Lied Justinus Kerners »Preisend mit viel schönen Reden«, er habe sich bei einem Wettstreit der deutschen Fürsten beim Reichstag zu Worms hervorgetan. Die Herren hätten darum gestritten, welcher von ihnen sich wohl als der reichste bezeichnen durfte, und Eberhard gewann mit der Behauptung, er könne überall in seinem Land in eines jeden Untertanen Schoß ungefährdet sein Haupt zur Ruhe legen: »dass in Wäldern noch so groß, ich mein Haupt kann kühnlich legen, jedem Untertan in Schoß«. Vor allem preist das Lied ein ideales Verhältnis zwischen Fürst und Volk, so wie es sein sollte.

Doch zurück zur Jagd. Als Kaiser Maximilian im Jahre 1495 Württemberg zum Herzogtum erhob und es dem damit zum Herzog gewordenen Eberhard als Lehen verlieh, wurden unter dessen Besitzungen auch alle Wildbestände des Herzogtums genannt. Dies bedeutete, dass der württembergische Regent in seinem Land alleiniger Jagdherr war und das ohne Rücksicht darauf, wem der Grund und Boden gehörte. Die Jagd war ein hoheitliches Recht, und mit der Erhebung zum Herzogtum waren die zuvor auf unterschiedliche Weise an Württemberg gelangten Jagdbezirke vereinheitlicht worden. Zur Verwaltung der landesherrlichen Wälder und Jagdgebiete war das Herzogtum zu Beginn des 16. Jahrhunderts in fünfzehn Forstamtbezirke, kurz Forste genannt, eingeteilt. Einer davon war der Uracher Forst, der in unseren Betrachtungen eine wichtige Rolle spielt.

In Urach residierte als Forstmeister in der Regel ein Mann von Adel, später ein bürgerlicher Amtsträger, dem rund zwei Dutzend Forstknechte unterstanden. Sie hatten für die Einhaltung der württembergischen Forst- und Jagdgesetze zu sorgen und wurden damit zu Gegnern der von der Jagd ausgesperrten Bauern. Zur Instandhaltung aufwendiger jagdlicher Einrichtungen und zum Jagdbetrieb standen dem Forstpersonal die jagdfronpflichtigen Bauern der Albdörfer samt ihrem Zugvieh zur Verfügung. Die Jagdhunde, die bei größeren Bauern, im Kloster Offenhausen, in Mühlen und Gemeinden in Kost und Logis lagen, waren eine

Die württembergische Residenzstadt Urach, bis 1482 Hauptstadt des nach ihr benannten Landesteils, war auch Sitz einer Forstverwaltung. Der Uracher Forst wurde von den Grafen und Herzögen gerne zur Jagd aufgesucht.

zusätzliche Belastung. Man konnte die herrschaftliche Hundehaltung auch ablösen und pro Rüden vier Gulden und zehn Kreuzer an das Uracher Forstamt bezahlen.

Wie gesagt, an Wild herrschte zu dieser Zeit kein Mangel. Vor allem die »niederen Wildarten« wie Hasen, Fuchs und Dachs, Rebhühner, Wachteln, Wildenten und Tauben gab es im Überfluss. Für die hohe Jagd der Herzöge kam aber nur das Hochwild, also der Hirsch und die Sau in Frage. Den Rest durfte der niedrige Adel bejagen. Ganze Waldteile wurden mit Netzen und Garnen umspannt. Die eigentliche Jagd war die Fangjagd. Mit Leit- und Hetzhunden wurde das Wild in die Gehege gejagt und mit Hirschlanzen oder dem Hirschfänger, Sauen mit der Saufeder oder dem Sauschwert abgestochen. Die Verwendung von Schusswaffen war zu dieser Zeit verpönt und trat erst im 18. Jahrhundert in den Vordergrund. Zur Abwechslung wurden zuweilen auch einzelne starke Hirsche vom Jäger oder der Jagdgesellschaft mit Hundemeuten übers Land gejagt. Neben dem wildreichen und der

Residenz nahe gelegenen Forst Schönbuch bei Tübingen, in dem es zeitweise bis zu dreitausend Hirsche gegeben haben soll, war die Münsinger Alb mit ihrer relativ dünnen Besiedlung und den nahrungsreichen Eichen- und Buchenwäldern ein idealer Lebensraum für das Rot- und Schwarzwild und damit zum Leidwesen der Bauern jahrhundertelang bevorzugtes Jagdgebiet der württembergischen Regenten.

Im Spätmittelalter wurde Wildbret mehr und mehr zum Mahl der Herrschenden. Der Führungsanspruch des Adels wurde nicht nur durch das Tragen von Waffen unterstrichen, sondern fand auch in der Jagd deutlichen Ausdruck. Der Verzehr von Wildbret war somit gleichbedeutend mit dem Anspruch auf Herrschaft.

Die bäuerliche Küche beschränkte sich mehr auf Getreidebrei, Eintopfgerichte und Gemüse. Die Bauern galten als Hersteller und Verzehrer von Feldfrüchten. Fleisch war das Symbol der Mächtigen.

Bei den Herrschenden war es üblich, Fleisch in großen Mengen zu essen. Regelrechte Wettessen waren an der Tagesordnung. Es galt als Zeichen von Adel, viel und schnell essen zu können. Doch der liebe Gott bestrafte auch diese Sünden: Nicht sofort, aber mit zunehmendem Alter plagte die hochherrschaftlichen Fleischfresser alle die Gicht. Sie galt daher auch lange Zeit als Krankheit des Adels.

Eine besonders strenge Wildhege wurde in Württemberg unter Herzog Ulrich (er regierte seit 1503) gepflegt. Schon als 13jähriger hatte Ulrich seinen ersten Keiler abgestochen. Die Wildsauenjagd galt unter den heranwachsenden Adeligen als Mutprobe. Dabei gab es regelmäßig Verletzte und sogar Tote zu beklagen. Dennoch liebte der junge Ulrich die Sauenjagd über alles und ließ den Sauen besonders gute Hege angedeihen. Das machte den Herzog bei den Bauern sehr unbeliebt, deren Äcker schwer durch die Sauen zu leiden hatten. Selbsthilfe war ihnen verboten und so trieben die Wildschäden manchen Bauern zur Wilderei und trugen auch zu den späteren Bauernrevolten bei. Nicht von ungefähr lautete eine der Hauptforderungen der Aufständischen im Bauernkrieg

(1524/1525) freie Jagd und Fischfang sowie freie Verfügung über das Holz im Wald. Der Bauernkrieg endete mit einem grausamen Gemetzel, das unter den Bauern angerichtet wurde. Aus Furcht vor neuen Aufständen waren aber viele Herren nun zu Verbesserungen für ihre Untertanen bereit.

Dennoch kam es immer wieder zu willkürlichen Gräueltaten einzelner Herren an ihren Untertanen. Mancher aus dem Adel betrachtete die Bauern als »Ochsen ohne Hörner«, wie ein überliefertes Zitat lautet. Herzog Ulrich versprach seinen klagenden Untertanen, die überhandnehmende Sauenplage einzudämmen. Dieses Versprechen hat er allerdings nie gehalten. 1519 wurde Ulrich vom Schwäbischen Bund aus seinem Land vertrieben, nachdem er widerrechtlich die Reichsstadt Reutlingen besetzt hatte. Erst 1534 kam er wieder in den Besitz Württembergs und regierte noch bis 1550.

Auch Ulrichs Sohn Christoph (1550-1568) liebte die Jagd. In der Nähe von Münsingen ließ er das Jagdlustschloss Grafeneck erbauen. Da die Wildschäden erneut bedrohliche Ausmaße annahmen und auf wiederholtes Bitten der Untertanen keine Abhilfe geschaffen wurde, zogen trotz schwerster Strafandrohung ganze Wildererbanden durch die Wälder, die das Wild niederschossen und mit sich fortschleppten. Als die zahlenmäßig unterlegenen Forstbeamten die Wilderei nicht in den Griff bekamen, ließ der besagte Herzog eine Miliz anmarschieren. In planmäßigen Streifzügen jagten die Soldaten die Wilderer. In den fünfzehn Jahren von Christophs Regierungszeit wurden über eintausend Untertanen zum Teil zu drastischen Strafen verurteilt. Auf frischer Tat ertappte Wilderer wurden oft ohne viel Federlesen sofort niedergestochen. Mancher Familienvater, der aus Not und Verzweiflung in den Wald geschlichen war, verlor so sein Leben.

Der Herr hat's gegeben, der Herr hat's genommen – wird es wohl anschließend geheißen haben. Aber waren das noch »Herren«? Viele in der Bevölkerung hatten sich schon längst eine andere Meinung gebildet.

Das Jagdschloss Grafeneck bei Münsingen ließ Herzog Christoph 1556-1560 errichten. Im 18. Jahrhundert wurde es unter Herzog Karl Eugen grundlegend umgebaut und erweitert und war Schauplatz prächtiger Jagdveranstaltungen.

Die Wildschäden und Wildfrevel waren während des ganzen 16. Jahrhunderts ein Dauerstreit. 1569 meldete der Uracher Forst einen Bestand von 518 jagdbaren Hirschen, das Jungwild nicht mit eingerechnet. Von der Zwiefalter Alb kam die Meldung von 260 Hirschen. Unter Herzog Ludwigs Regierung (1568–1593) kam es zu den umfangreichsten Edelwildbeständen in der Geschichte der Mittleren Alb. Im Jahr 1589 meldete der Uracher Forst zweitausend Hirsche, über das Doppelte dürften es tatsächlich gewesen sein.

Mit der Regierungsübernahme von Herzog Johann Friedrich (1608–1628) machten sich die Bauern mal wieder falsche Hoffnungen. 1617 berichtete ein Wildreport aus dem Münsinger Raum über Schwarzwildbestände in Höhe von 571 Stück. Nach einer daraufhin anberaumten, von Tübingen ausgehenden Großjagd über Urach und Münsingen nach Zwiefalten wurden sage und schreibe 715 Stück Schwarzwild erlegt.

Die Not, die der Dreißigjährige Krieg (1618–1648) ins Land brachte, verschonte auch die herzoglichen Jagden nicht. Ein typischer Vertreter seiner Zeit war Herzog Eberhard III. (1635–1674). Wie alle seine Vorgänger war er ein begeisterter Jäger. Unbeeindruckt vom traurigen Zustand seines Landes und der Not seiner Untertanen – fast alle Albdörfer waren niedergebrannt, verwüstet und zum großen Teil menschenleer – betrieb er nach dem Krieg den verschwenderischen Ausbau des Jagdschlosses Grafeneck und brachte durch strenge Hege den Wildbestand bald wieder auf die alte Höhe. Auf dem Landtag 1674 beklagte sich das Offenhausener Gestüt zum wiederholten Mal über die Sauenplage. Noch immer

Herzog Ludwig von Württemberg (1578-1593) war wie alle Herzöge dieser Zeit ein begeisterter Jäger. Die Darstellung zeigt ihn auf der Jagd zusammen mit seiner Frau, im Hintergrund die Stadt Stuttgart.

seien »viele tausend Morgen Felder öd und unbebaut«. Daraufhin gestattete der Herzog großzügig, dass die Bauern das Schadwild durch »blindschießen«, also Abfeuern von Schreckschüssen und durch »Rühren der Trommeln« verjagen durften.

Nach dem Vorbild des französischen Hofes begann sich Ende des 17. Jahrhunderts der Jagdbetrieb in Württemberg grundlegend zu ändern. Die neuen Jagdmethoden, das »Jagdplaisier«, standen bei Hofe von nun an neben der Pirschjagd und der aufkommenden Treibjagd im Vordergrund. Meist waren es aber höfische Feste, »Festinjagen«, wie man es jetzt nannte, bei denen nach wochenlanger Vorbereitung das zusammengetriebene, auf engstem Raum eingepferchte Wild aller Art, ergänzt durch herbeigeschaffte Tiere, in

Noch im 18. Jahrhundert war die Jagd ein Privileg des Adels. Das war nicht nur auf die Jagd nach Hochwild beschränkt, sondern galt auch für die hier dargestellte Entenjagd.

eine künstliche, umfriedete Theaterlandschaft entlassen wurde. Inmitten der Kulisse maurischer und venezianischer Fassaden, künstlicher Seen und Springbrunnen wurden die Tiere von herrschaftlicher Hand erschossen – halali. Es zählte nur die Menge der erschossenen Tiere und das genossene Plaisier.

Währenddessen plagten die Bauern ganz andere, existenzielle Sorgen. Vielerorts wurden wegen des Wildfraßes in Waldnähe gelegene Felder nicht mehr bewirtschaftet. Nach der französischen Revolution (1789) kam es immer öfter zu Unruhen. Die Zustände spitzten sich zu, die Wilddichte und Wildschäden wurden vom Volk nicht mehr hingenommen. Man forderte die radikale Reduzierung des Wildes und die Aufstellung bürgerlicher Schützen zum Schutz der Fluren. Doch der Präsident der württembergischen Regierung, Freiherr von Gemmingen, befürchtete, dass Württemberg zur »Mördergrube« würde, wenn der »Pöbel« Waffen in die Hand bekäme, wo das Volk doch schon jetzt kaum noch im Zaume gehalten werden könne. Nun, man sollte den Teufel nicht an die Wand malen, denn nachdem alles beim Alten blieb, nahmen die Unruhen auf der Alb bedenkliche Formen an. Vielerorts wurden die Jagddienste verweigert, Forstdiener bedroht, gewildert, man könnte auch sagen gejagt wie einst, als die Jagd noch allen erlaubt war...; in einer Septembernacht gingen rund um Urach die Wildfutterhütten in Flammen auf.

Nun qualmten auch den hohen Herren im Staate Württemberg die Hosen und sie genehmigten kurzerhand die geforderten Schützen. Vom Forstamt ausgewählte Männer erhielten das Recht, im freien Feld Schaden verursachendes Wild abzuschießen. Das Betreten des Waldes war den Schützen jedoch verboten und das erlegte Wild mussten sie beim Forstamt abliefern. Erst König Wilhelm I. von Württemberg (1816–1864) befahl dann nach der großen Hungersnot 1816–17 die sofortige und totale Ausrottung des Schwarzwildes sowie die radikale Reduzierung des Rotwildes.

Den Schlussstrich unter das Kapitel herrschaftlicher Jagd zogen die revolutionären Ereignisse der Jahre 1848/49. Im April

König Wilhelm I. von Württemberg (1816-1864) veranlasste nach einer schweren Hungersnot die radikale Reduzierung des Wildes.

1849 wurde das neue württembergische Jagdgesetz erlassen, in dem das privilegierte Jagdrecht abgeschafft und die Jagd mit Eigentum an Grund und Boden verbunden wurde. Die Jagdhoheit wurde in den meisten Fällen vom Staat an die Gemeinden übertragen, ab einer bestimmten Fläche konnten auch private Eigenjagdbezirke gebildet werden.

Bevor wir uns wieder in die Wälder zurückziehen, um den Wilderern auf die Schliche zu kommen, möchte ich es nicht versäumen, zwei Jagdgeschichten aus jener Zeit zu erzählen, die dokumentieren, wie die Fürsten von Gottes Gnaden das Geld ihrer Untertanen verprassten.

Es handelt sich erstens um eine Jagdbegebenheit aus dem Jahre 1812, als König Friedrich I. von Württemberg anlässlich seines

Geburtstages am 6. November zu einem großen »Festinjagen« einlud. Das Jagen leitete der Oberjägermeister von Lüzow mit der gesamten Hofjägermeisterei sowie dem Oberforstmeister Louis Freiherr von Gemmingen-Fürfeld. Aus nah und fern kamen Förster und Jagdmannschaften zur Unterstützung. Da aber im angeordneten Jagdgebiet, dem Tübinger Oberforst, nicht genügend Sauen vorhanden waren, mussten aus drei »Saufängen« im Schönbuch, bei Plattenhardt, Hildrizhausen und Weil, besonders prächtige Tiere herangeschafft werden. Nach sechs Wochen waren die umfangreichen Jagdvorbereitungen endlich abgeschlossen und der Schießlaufstall im Bebenhausener Tal war aufgestellt. Die ganze Hofjägerei, rund 250 berittene Förster sowie ihre Oberforstmeister, bildeten zu Pferde Spalier von Bebenhausen bis zu der Stelle, an der das herrschaftliche Jagen seinen Anfang nehmen sollte. Der König durchzog dieses Spalier mit größtem Pomp, beglei-

Bei höfischen »Prunkjagden«, die einem vorgegebenen Ablauf folgten, wurden die Tiere den wartenden adligen Jägern vor die Flinte oder die »Saufeder« getrieben.

1812 veranstaltete König Friedrich I. von Württemberg bei seinem Jagdschloss Bebenhausen das rauschende »Dianenfest«, zu dem auch eine besonders große Prunkjagd gehörte.

tet von zahlreichen auswärtigen Gesandten und geladenen Gästen. Der ganze Zug bewegte sich unter Beifall seiner Claqueure in den Schießstand und das Gemetzel konnte beginnen. Insgesamt 773 Stück Wild wurden so in kurzer Zeit zusammengeschossen. Ein Zeitzeuge berichtete, dass damals innerhalb von vier Jahren an die 42 Zeug- und Festinjagden stattfanden, aber keine an Dekoration und Aufwand mit dieser mithalten konnte. Sie kostete übrigens die hübsche Summe von einer Million Gulden. Wenn man bedenkt, dass täglich zehntausend Menschen dem Jagen beiwohnten, braucht man sich darüber nicht zu wundern.

Schon König Friedrichs Onkel, Herzog Carl Eugen (1744–1793), pflegte den absolutistischen Lebensstil der Fürsten dieser Zeit. Zur Aufbesserung seiner Finanzen und seiner politischen Stellung verkaufte er schwäbische Bauernburschen, überführte Wilderer und politische Aufrührer als Soldaten an den Landgrafen von Hessen-Kassel, um so seine verschwenderische Hofhaltung zu finanzieren. Der Spruch: »Ab nach Kassel« hat also einen recht traurigen Hintergrund. In Kassel wurden die Schwaben militärisch ausgebildet und an den König von England mit gutem Gewinn weiterverkauft. Sie dienten nun hauptsächlich in den Kolonien, beispielsweise in Nordamerika.

Einen nicht unbeträchtlichen Teil seines dadurch gewonnenen Vermögens setzte Carl Eugen für verschwenderische Feste und Jagden ein. Wenn eine herzogliche Jagdgesellschaft im 18. Jahrhundert ein Albdorf heimsuchte, brach den dortigen Schultheißen und Gastwirten wahrscheinlich der Angstschweiß aus. Ähnlich ging es sicher den Einwohnern von Feldstetten, das zwischen Bad Urach und Blaubeuren auf der Hochfläche der Alb liegt, als seine hochfürstliche Durchlaucht, wie gehabt, eines Jahres im Oktober in Begleitung des Hofstaates nach Blaubeuren zur Hirschbrunft reiste.

Feldstetten war damals schon ein ansehnliches Dorf mit einigen großen Gasthäusern, lag es doch an der Durchgangsstraße von Straßburg über Ulm nach Wien. Wenn die fürstliche Gesellschaft anreiste, musste vorher die Straße instand gesetzt und gründlich gekehrt werden. Am Durchzugstag wurde die Straße mit Strohwischen abgesteckt, zum Zeichen, dass sie für den gesamten anderen Verkehr gesperrt war. Man betete inbrünstig um schönes Wetter, damit die Bagage, die Kutschen, die Landhusaren sowie die Dienstboten, Köche, Pferde und Hunde möglichst ohne Halt und ungeniert ihre Reise fortsetzen konnten. Wenn es nämlich regnete, machte der gesamte Tross in den Gasthäusern Halt und es gab jede Menge Ärger und Auslagen für die Gemeinde. In den Gasträumen mussten vom Schreiner Bänke und Tische aufgebaut und die Wände mit Tüchern verkleidet werden. War eine längere Rast geplant, kamen tags zuvor die Bediensteten und Köche angereist, um alles vorzubereiten. Auch die Nachbarhäuser mussten zur Unterbringung der Höflinge kurzerhand geräumt werden. Für die mitgeführte Garküche, ein Vorgänger der Gulaschkanone, war ein

Bretterverschlag zu errichten. In die benachbarten Stallungen wurden die Pferde und Hunde einquartiert.

Seltsam mutet uns eine Nachricht aus Feldstetten von 1737 an. Fremde Hirsche und allerhand ausländisches Getier aus Ungarn mussten damals über Nacht untergebracht werden. Vielleicht ein Geschenk eines ausländischen Gesandten? Oder wollte der Herzog gar einen Tierpark anlegen?

Aber auch Carl Eugen ging den Weg der Sterblichen und die Glocken von Feldstetten mussten auf fürstlichen Befehl siebzehn Wochen lang geläutet werden. Hoffentlich hat es was genutzt.

DIE WILDERER

Ursprünglich lebte der Mensch von der Jagd. Die meisten archäologischen Funde aus der Steinzeit sind Hinweise auf Jagdgewohnheiten: Reste von Wildknochen, Pfeilspitzen, Schaber für die Fellbearbeitung und selbst die seltenen Höhlenmalereien zeigen, welche zentrale Rolle die Jagd und die Wildtiere für den Menschen damals hatten.

Mit der Entdeckung des Feuers war Fleisch zur wichtigsten Nahrungsquelle geworden. Das änderte sich erst wieder, als immer mehr Menschen sesshaft wurden und damit begannen, Ackerbau zu treiben. Vor ungefähr achttausend Jahren breitete sich, vom Nahen Osten ausgehend, die Ackerbaukultur immer weiter aus und verdrängte die Lebensweise der Jäger mehr und mehr. Natürlich wurde auch weiterhin Wild gejagt. Durch die dünne Besiedlung und die ausgedehnten Wälder war die Jagd für jedermann problemlos möglich.

Neben die archäologischen Funde zur Jagd treten erst zur Zeit um Christi Geburt schriftliche Quellen, die uns über die Lebensgewohnheiten der Menschen in unserem Raum Auskunft geben. Der römische Feldherr Julius Cäsar, dem wir viele Hinweise auf die Völker verdanken, die damals nördlich der Alpen lebten, betonte mehrfach, wie wichtig diesen Menschen die Jagd sei. Ihr ganzes Leben würden sie darauf ausrichten. Dies bestätigte gut einhundert Jahre später auch Tacitus, der vom Leben der Germanen berichtete: »Hauptbeschäftigung der Germanen ist die Jagd, sofern sie sich nicht gerade auf dem Kriegspfad befinden.« Auch wenn die Darstellung des Schriftstellers wohl nicht auf eigener Anschauung beruht, so zeigt sie doch, dass es Völker gab, bei denen die Jagd hoch im Kurs stand. Geregelt scheint das Jagen nicht gewesen zu sein, jedenfalls sind keine Hinweise dazu bekannt.

Das änderte sich erst im frühen Mittelalter. Nach dem Zusammenbruch des Römischen Reiches schwangen sich bald die Franken zur beherrschenden Macht nördlich der Alpen auf. Nach und nach bildete sich die Herrschaft über Grund und Boden, die so genannte Grundherrschaft, heraus. Auch die großflächig vorhandenen Wälder blieben davon nicht unberührt. An römische Vorbilder angelehnt, eigneten sich die Frankenkönige große, zusammenhängende Waldflächen als Fiskalbezirke an. Diese Königsgüter bildeten die wirtschaftliche Basis der Herrscher. Davon wurde selbstverständlich auch die Nutzung der Wälder und damit das Jagdrecht berührt. Das Jagdrecht, später Wildbann genannt, wandelte sich zu einem hoheitlichen Recht. Es war nun nicht mehr jedem erlaubt, in den Forsten zu jagen, sondern nur denen, die das Jagdrecht vom König verliehen bekommen hatten – das waren vor allem die Grafen, die vor Ort die hoheitlichen Rechte wahrnahmen.

Diese Einbeziehung der Jagd in den Bereich herrschaftlicher Rechte war die Voraussetzung dafür, dass sich die Wilderei als »unbefugte Jagd« überhaupt entwickeln konnte.

Genauere Nachrichten darüber finden sich aber erst zu Beginn der Neuzeit im 16. Jahrhundert. 1503 trat in Württemberg Herzog Ulrich im Alter von 16 Jahren die Regierung an. Er wird häufig als jähzorniger und rücksichtsloser Tyrann dargestellt, der es an Grausamkeiten nicht fehlen ließ.

Tatsächlich war er bereits im Jugendalter ein begeisterter Jäger, der vor allem der Sauenjagd zugetan war. Ein besonders großer, von ihm erlegter Keiler ist als hölzerne Nachbildung im Uracher Schloss zu bewundern. Später nutzte er eine Jagd, um seinen eige-

Herzog Ulrich von Württemberg (1487-1550) erließ besonders scharfe Bestimmungen gegen die Wilderei.

nen Stallmeister, den Ritter Hans von Hutten, umzubringen. Der in Ungnade gefallene Ritter hatte dem Herzog offenbar den allzu vertraulichen Umgang mit seiner Frau erschweren wollen. Selbst Herzog Ulrichs eigene Frau, Sabine von Bayern, die eine Nichte Kaiser Maximilians I. war, fühlte sich von ihrem Mann bedroht und schlecht behandelt. Aus Angst, wie sie behauptete, flüchtete sie sich zu ihren Brüdern nach Bayern. Der Herzog wurde wenig später unter Reichsacht gestellt. Als er 1519 auch noch die Reichsstadt Reutlingen überfiel und annektieren wollte, war das Maß voll: Der Schwäbische Bund eroberte Württemberg und vertrieb den Herzog aus dem Land.

Schon zwei Jahre zuvor, 1517, hatte Ulrich aber das erste württembergische Gesetz gegen die Wilderei erlassen. In den darin niedergelegten Bestimmungen spiegelt sich der Eifer wider, den Ulrich an den Tag legte, wenn es um die Jagd ging. Das unerlaubte Erlegen von Wild wurde strengstens verboten; wer eine Jagdwaffe mit sich herumtrug, galt schon als verdächtig. Eine typische, aber noch humane Bestrafung jener Zeit war das sechs bis zwölf Wochen lange Tragen der Wildererkappe. Sie bestand aus einem eisernen Gestell, auf dem Hirschgeweihe und Glöckchen befestigt waren. Verbreitet waren aber auch brutale und blutige Strafen wie das Abschlagen von Gliedern oder das Abschneiden von Nase und Ohren. Eine völlig neue Größenordnung bedeutete jedoch das von Ulrich angedrohte Blenden der ertappten Wilderer – eine Strafe, die in Württemberg bis dahin nicht bekannt gewesen war. Manch einer der Geschundenen zog später verarmt und blind als Bettler durch die Lande.

Dieses Gesetz zeigt überdeutlich, dass die Jagd längst völlig von den Herrschenden vereinnahmt worden war. Wildbret war ein reines »Herrenessen«. Herzog Ulrich und seine Nachfolger benutzten die Jagd und damit verbundene Festivitäten stets auch zur Selbstdarstellung. Die ganze adlige Lebenswelt war von der Jagd beherrscht, die den Söhnen bereits im Kindesalter beigebracht wurde. Es war somit zu einer Selbstverständlichkeit geworden, dass Jagen mit Adel gleichgesetzt wurde. Das Jagdrecht wurde gegen das Volk wie ein Bollwerk gnadenlos verteidigt.

Die Bauern gewöhnten sich nur schwer an die neuen Gesetze und fielen zeitweise in Scharen in die Forstreviere ein. Das dabei erlegte Wild wurde zum Teil in den Städten verkauft. Die hohen Wildschäden und die eingeschränkte Waldnutzung zwangen die Bauern dazu, sich ihre Nahrung auf diesem Weg zu sichern und damit gleichzeitig ihre Ansprüche auf den Wald zu dokumentieren.

Im Übrigen leisteten die Jagdherren für die Wildschäden keinen Schadensersatz. Man erlaubte den Bauern lediglich, Wildzäune zu erstellen, um ihre Äcker zu schützen. Kleinen Mischlingshunden, so genannte »Foxgedackeltewindhundspitze«, wurden Holzprügelchen um den Hals gehängt, die dann auf die Vorderläufe schlugen und dabei klapperten. Auf diese Weise sollte das Wild vertrieben werden.

Eine Belastung für die Bauern waren auch die Jagdfronen. Es handelte sich dabei um unentgeltliche Jagdeinsätze der Untertanen, von denen Stadtbewohner und das gehobene Bürgertum meist befreit waren. Die Reichsstädte hatten auf ihrem Territorium eigene Jagdgesetze.

Für besondere Erbitterung sorgten wochenlange Frondienste mitten in der Erntezeit. Um sich für die erlittenen Schäden und Erniedrigungen zu rächen, zog manch erzürnter Bauer des Nachts wieder in die Wälder, um sich sein Recht zu holen. Die Forderung nach Einführung des allgemeinen und freien Jagdrechts zieht sich wie ein roter Faden durch die bäuerlichen Beschwerdebriefe jener Zeit: »Denn es sei wider Gottes und den Nächsten, unvernünftige Tiere die Feldfrüchte fressen zu lassen.«

Doch die Landesherren waren zu keinen Konzessionen bereit. Nachdem sie aus den Bauernkriegen als Sieger hervorgegangen waren und Luther ihnen noch den Rücken gestärkt hatte, wurde die Wilderei zur Majestätsbeleidigung erhoben und noch härter bestraft. Besonders trefflich formulierte es Herzog Ulrich, denn er galt als einer der größten Feinde der Wilderei. Bestraft werden müsse, wer »gegen die Verbote der ihnen von Gott verordneten Obrigkeit« verstoße. Wofür der liebe Gott doch herhalten musste.

Der Hass der Bevölkerung gegen alles, was mit der Jagd zusammenhing, war nicht mehr zu bremsen. Nicht umsonst wurde die Wilderei von Dorfbewohnern toleriert, wenn nicht gar unterstützt. Manch armer Dorfpfaffe war einem Wildbret aus Bauernhand nicht abgeneigt. Ein Beichtvater des Gotteshauses Habsthal soll gar »wilde«, also aus der Wilderei stammende Lederhosen getragen haben. Der Frömmigkeit der Bauern stand die Wilderei nicht im Wege. Die Beichte und der Herr Pfarrer werden es schon richten.

Wie heißt ein alter Spruch: »Wer hot nix zom Schaffa, fangt Händel a mit am Jäger ond am Pfaffa.«

Aber es war nicht nur der Hass auf ihre Fürsten, sondern einfach die pure Not, die arme Taglöhner, Bettler und Landstreicher in die Wälder trieb. Nicht vergessen darf man, dass in fruchtbaren, von der Natur bevorzugten Gegenden wie dem württembergischen Unterland, der Tisch der wohlhabenden Bauern reichlich, auch mit Fleisch, gedeckt war.

Doch der überwiegende Teil der Bauern und Handwerker musste sich mit Suppen, schwarzem Brei oder einfachen Mehlspeisen begnügen. Von Fleisch konnten diese Menschen nur träumen. Was lag da näher, als sich ab und zu, wenn es kräftig stürmte und die herrschaftlichen Jäger lieber zu Hause blieben, auf die Pirsch zu schleichen. Gezüchtete Stallhasen und Kleinvögel, besonders die verfressenen Spatzen, die sich scharenweise über das Getreide hermachten, sorgten ebenfalls für Abwechslung auf dem Speiseplan. Wer ein Gewehr besaß, schoss aus Mangel an Munition mit Schuh- und Hufnägeln, Knöpfen oder Kieselsteinen. Die

Wenn die Forstknechte einen Wilderer überführen konnten, hatte dieser harte Strafen zu erwarten.

Gewehre wurden zum Teil in hohlen Baumstämmen versteckt. Die Wilderer selbst machten sich durch falsche Bärte und rußgeschwärzte Gesichter unkenntlich. Vorsicht ist immer besser als Nachsicht, hieß es bereits damals. Manch einer zog auch als Frau verkleidet zur Pirsch, konnte er doch unter den langen Röcken sein Gewehr besser verstecken. Meist zerlegten die Wilderer ihre Beute gleich an Ort und Stelle, um sie dann in Rucksäcken abzutransportieren. Daheim angekommen, wurde das Fleisch zerkleinert, am offenen Feuer gegrillt und nicht selten zusammen mit den Nachbarn verzehrt. Die ganz Armen verkauften die besten Stücke an Wirtshäuser oder in der Stadt. Wilderei war ein gutes Geschäft. Je höher die Strafe, desto besser die Preise. Da die Forstgehilfen ein Drittel der verhängten Strafgelder behalten durften, waren sie bei der Wilddiebjagd besonders eifrig und als »Blutsauger« bei den Bauern verhasst. Wer beim Wildern erwischt wurde, verschwand erst mal hinter Gittern. Ein einträgliches Geschäft für Denunzianten.

Seit 1672 war das »unnötige Herumstreifen«, also ein Waldspaziergang, streng verboten. Noch 1837 wurden Waldbesucher, die keinen triftigen Grund für ihren Waldbesuch angeben konnten, mit einer Geldstrafe oder mit Arrest bestraft. Man vermutete in ihnen Späher für Holzdiebe oder gar Wilderer.

Bei Wildereidelikten übernahm der zuständige Forstmeister die Aufgabe des Gerichts. Während der Ermittlungen ging man keinesfalls zimperlich vor. Denn wer verdächtig war, galt auch als schuldig und wurde dementsprechend verhört. Wenn der Angeklagte nicht geständig war, griff man zu fragwürdigen Methoden wie dem Auspeitschen. Eine »peinliche« Befragung war immer mit Folter verbunden.

Die Gewalttätigkeiten gegen die Wildbretdiebe nahmen zum Teil unbeschreibliche, grausame und gesetzeswidrige Formen an. So wurde ein vermeintlicher Wilderer, der sich nur am Holz zu schaffen machte, 1546 vom zuständigen Forstmeister kurzerhand an der nächsten Eiche aufgehängt.

Mitte des 16. Jahrhunderts erließ Herzog Christoph von Württemberg neue Wildereigesetze. Bei leichteren Vergehen gab es vier Wochen Turm (Gefängnis) und eine Geldstrafe – die Bezahlung der Verpflegung wurde extra berechnet. Unter Strafe stand alles, was mit der Jagd zusammenhing, wie: Beihilfe, Hehlerei, Unterschlupfgewährung, ja selbst der Genuss von gewildertem Fleisch. Auch hier hieß es: Nichtwissen schützt vor Strafe nicht. Bei der Zusammenstellung des Strafkataloges für schwere Vergehen, also Jagd auf Hirsche und Sauen, griff man tief in das grausame Arsenal des damaligen Strafvollzuges, wie Reißen mit glühenden Zangen, Verbannung oder gar die Todesstrafe. Aber trotz aller Repressionen bekamen die Fürsten und ihre Helfershelfer die Wilderei nicht in den Griff, die Not der Bevölkerung war zu groß. Ganze Dörfer schlossen sich zu Wildererbanden zusammen, um sich gegen die Ungerechtigkeit zu wehren. Denn drei Dinge waren für die Menschen damals besonders beschwerlich: Zu viel Wildbret (Wildschäden), zu viele Frondienste (Arbeit für die Grundherren) und zu viele Abgaben wie zum Beispiel der Zehnte und Steuern.

Wildereidelikte wurden im Wiederholungsfall, wie 1603 bei Bastian Herter aus Fridingen in Münsingen und Christoph Götz aus Buchsheim mit dem Tode bestraft. In Biberach sorgte folgendes Strafgericht gegen zwei Männer für große Aufregung: Mit dem Schwert vom Leben zum Tode gebracht, die beiden Köpfe auf der Straße aufgestellt und der eine Körper aufs Rad geflochten, der andere unterm Galgen begraben.

Die makabre Zurschaustellung der Gräueltaten sollte der Abschreckung dienen. Andere Herrschaften griffen noch zu viel grausameren Methoden der Bestrafung. Im Erzstift Salzburg soll ein Wilddieb auf einen Hirsch geschmiedet worden sein, den man dann in die Wildnis entließ – ein anderer Wilderer wurde am selben Ort in ein Hirschfell genäht und von der Jagdhundmeute zerfleischt. Die Bevölkerung durfte sich dieses schreckliche Schauspiel anschauen.

Der Hohenasperg bei Ludwigsburg war eines von mehreren württembergischen Festungsgefängnissen, in denen Wilderer unmenschliche Strafen zu erleiden hatten.

Nach dem Dreißigjährigen Krieg verschwanden nach und nach die schweren Leib- und Ehrenstrafen. Prangerstehen und Rutenstreichen wurde aber weiterhin praktiziert. Dafür ging man dazu über, die Wilderer zur Zwangsarbeit zu verdonnern. Mit dem Vermerk »opus publicum« (öffentliche Arbeit) wurde der Verurteilte zum öffentlichen Sklaven des Herzogs. Schon 1588 wurden Wilderer, die ihren Gefängnisaufenthalt nicht bezahlen konnten, zur Arbeit an der Festung Hohenneuffen herangezogen, wobei sie ein speziell hergestelltes Halseisen tragen mussten. Die Lebensbedingungen auf den Landesfestungen Hohenasperg, Hohenneuffen und Hohentwiel waren unmenschlich hart. Bei unzureichender Ernährung mussten die Sträflinge Schwerstarbeit in den Steinbrüchen verrichten. Auch Frauen blieb solche Menschenschinderei nicht erspart. Bei der Arbeit waren Fuß- und Handschellen zu tragen. Zur Strafverschärfung wurden besonders unbelehrbare Wilderer an die Schubkarre geschmiedet. Der Teufel persönlich muss hier Regie geführt haben.

Aber es gab mehr Straftäter als man unterbringen konnte, und so kamen die von Gott auserwählten Herrschaften auf die Idee, einen Teil der eingefangenen Übeltäter nach Frankreich auf die Galeeren zu verkaufen. So schlug man zwei Fliegen mit einer Klappe, man war die Klienten los und es war noch ein gutes Geschäft mit ihnen zu machen. Sklaverei im Ländle, wer hätte das gedacht. Der Chronist Dionysius Dreytwein berichtete schon Mitte des 16. Jahrhunderts von achtzig an Ketten geschmiedeten jungen Männern, die durch die Reichsstadt Esslingen geführt wurden. Und noch 1804 schrieb der Philosoph Arthur Schopenhauer von einer Bildungsreise nach Frankreich an seine Eltern einen erschütternden Bericht über den Anblick der Verdammten. Das Los dieser unglücklichen Menschen halte ich für schlimmer als die Todesstrafe. In Frankreich steckte man bis zur Revolution 1789 rückfällige Jagdfrevler bis zu sechs Jahren auf die Galeere. Auf den Geschmack gekommen und an Geld interessiert, verhandelte Herzog Eberhard Ludwig von Württemberg im 18. Jahrhundert wegen Überlassung von Galeerensklaven mit Venedig. Am 26. November 1716 war es dann soweit. »Alle freventliche Wilderer sollen auf die Galeeren gebracht werden und ohne alle Barmherzigkeit lebenslang dazu condemeniert bleiben«. Diese Verordnung musste von allen Kanzeln des Landes zur Frühpredigt im Namen des Herrn verlesen werden.

Aber viel scheint aus dem Galeerengeschäft nicht mehr geworden zu sein, die ganzen Umstände waren dagegen, man schob die Straftäter lieber als Auswanderer gen Osten ab, wo sie dann in der »Schwäbischen Türkei« in Ungarn, eine neue Heimat fanden. Die Wilderei war dennoch nicht zu stoppen. Im Gegenteil, die Bauern wurden immer aggressiver und unzählige Forstleute bezahlten ihren Jagdeinsatz mit ihrer Gesundheit oder gar mit ihrem Leben. Also wurde 1761 die Wildererabschussregelung erneut bekräftigt. Nun gab es für einen lebenden Wilderer dreißig und für einen

Von GOttes Gnaden

Karl Friderich,

Hertzog zu Würtemberg und Teck, auch in Schlesien, zu Oels und Bernstatt, Graf zu Mömpelgart, Herr zu Heydenheim, Sternberg, Medzibohr und des Freyen Königl. Burg-Lehens Auras; Ritter des Königlich Polnischen Weissen Adler-Ordens, *ADMINISTRATOR* und Ober-Vormunder, ꝛc.

Unsern Gruß zuvor, Lieber Getreuer!

Nachdeme Uns schon mehrmahlen zuversichtlich unterthänigst hinterbracht worden, was massen das Wildern in denen Försten dergestalten über Hand zu nehmen beginne, daß nicht nur der Wild-Fuhr ungemein grosser Schaden dardurch zuwachse, sondern so gar auch die Forst- und Bey-Knechte Gefahr lieffen, von dergleichen verwegenen Purschen auf beschehendes Anschreyen selbsten geschossen zu werden: Und Wir nun diesem so starck einreissenden Ubel und höchstgefährlichen Wildern, fürterhin länger nachzusehen gnädigst nicht gemeynet seynd, vielmehr in solchem Betracht Uns endlichen gemüßiget gesehen, die ernstliche Verordnung hiemit dahin zu machen, daß auf die Wilderer, wann sie auf beschehenes Anschreyen der disseitigen Forst-Knechten nicht stehen, und sich nicht gefangen geben wollten, würcklich Feuer gegeben werden solle: Als ist anmit Unser gnädigster Befehl an dich, du sollest diese Unsere Fürstliche Verordnung so wohl deinen Untergebenen behörig *publiciren*, als auch denen benachbarten Herrschafften die schrifftliche *Notification* von sothaner Verfügung geben, und etliche *Exemplaria* hievon zusenden, damit sich männiglich vor Schaden und Gefahr zu hüten wissen möge. Daran geschiehet Unser gnädigster Will und Meynung, und Wir verbleiben dir mit Gnaden gewogen. Stuttgardt, den 28. November 1742.

Ex Speciali Resolutione.

Rescript Herzog Karl Friedrichs vom 28. November 1742, in dem die Schußerlaubnis auf fliehende Wilderer erteilt wird

Die Verfolgung der Wilderei wurde immer härter: 1742 befahl Herzog Karl Friedrich, dass auf fliehende Wilderer geschossen werden darf.

toten zwanzig Gulden Prämie. Zu allem Übel zogen nun bis an die Zähne bewaffnete Banden aus dem Ausland durch die Wälder und knallten ab, was ihnen vor die Flinte kam. Hunger und gute Geschäfte sind eben stärker als Gesetze und Grenzen. Bevorzugt jagten diese Banden auf der Ostalb, im Nordschwarzwald und natürlich im wildreichen Schönbuch. 1784 entschloss sich die Regierung, 28 Scharfschützen in die betreffenden Gebiete zu beordern. Aber das war ein Tropfen auf den heißen Stein, denn solange die politischen und wirtschaftlichen Umstände sich nicht generell änderten, war der Wilderei nicht beizukommen. Die schlecht bezahlten Forst- und Jagdgehilfen wussten ein gutes Stück Wildbret sehr wohl auch selbst zu schätzen. Ein 1811 gestellter Jägerbursch, der wegen Hasenwilderei angeklagt war, begründete dies mit dem Fehlen seiner Löhnung seit anderthalb Jahren. Um bei der Beichte gut wegzukommen, ließ man auch dem Herrn Pfarrer ab und zu ein Stück Wildbret zukommen. Eine Hand wäscht die andere und allen war gedient. So hatte der Jäger seine Freunde, die ihm dafür wichtige Hinweise lieferten.

Die staatlichen Jäger schossen manchmal das Wild nur an, um es dann als waidwundes Wildbret ein paar Tage später legal erlegen zu können. »Wo ma naguckt oi Lomperei«, hätte meine Großmutter dazu gesagt.

Die Französische Revolution fegte Ende des 18. Jahrhunderts wie ein Sturm über Europa und mit ihr kamen Flugblätter über den Rhein, die von »Freiheit, Gleichheit und Brüderlichkeit« kündeten. Das morsche und feudale Jagdgesetz in Frankreich nahm ein schreckliches Ende. Die Galeerensklaverei gehörte der Vergangenheit an. Auch bei uns wurde der Druck auf die Feudalherren immer größer, doch ihre Jagd war ihnen immer noch wichtiger als das Wohl ihrer Untertanen. Allerdings waren die Verhältnisse in Südwestdeutschland nicht mit den Zuständen vergleichbar, die vor der Revolution in Frankreich herrschten.

Mit Napoleon begann das Ende des Heiligen Römischen

Reiches, das sich 1806 auflöste. Der in die Geschichte als Jägerkönig eingegangene Herzog Friedrich II. von Württemberg (und spätere König Friedrich I.) schlug aus der Konkursmasse des Alten Reiches, das unter Napoleon zu Bruch gegangen war, den wohl größten Gewinn. Durch die Neuerwerbungen beachtlich vergrößert und zum Kurfürstentum erhoben, stieg Württemberg 1806 sogar zum Königreich auf. Das muss dem neuen König wohl ziemlich in den Kopf gestiegen sein, denn er brachte die Jagd in seinen Landen zu neuer Blüte. 1812 ließ er das bereits geschilderte »Festinjagen« ausrichten, das alles Frühere in den Schatten stellte. Zur gleichen Zeit wankte Napoleons geschlagene Armee durch die eisige russische Steppe heimwärts – nach dem Motto »rette sich wer kann«. Von den 15.800 württembergischen Soldaten erreichten 1813 gerade ein paar Hundert die Heimat. Die Hofjägerei wurde danach dann doch stark reduziert. Auch die Hundemeute von sage und schreibe neunhundert Jagdhunden wurde verkleinert. Aber erst Friedrichs Sohn, der liberal gesinnte König Wilhelm I., räumte mit den Jagdgepflogenheiten gründlich auf. Doch lebten die alten Jagdprivilegien weiter und die Herrschaften verteidigten standhaft ihre herrschaftlichen Jagdansprüche, bis im Jahr 1848 auch dieses Vorrecht zu Geschichte wurde. Die Bauern konnten sich nun wieder ganz der Bewirtschaftung ihres Grundbesitzes widmen und nur ihre alten Flinten erinnerten an die Zeit, als es mehr Fürsten gab als Brot.

DIE STRASSE WAR IHRE ZWEITE HEIMAT

DIE SCHERENSCHLEIFER

Noch gut kann ich mich an den Scherenschleifer erinnern, der jedes Jahr im Frühsommer bis 1954 mit seinem kleinen Hund, einem weißen Spitz, bei uns in Münsingen auftauchte, um unsere Messer und Scheren zu schleifen. Sein kleiner Hund war dressiert. Sobald wir die Tür öffneten, machte er Männchen und wedelte uns mit seinen Pfoten freundlich entgegen. Oben am Berg stand immer seine »Werkstatt«, die aus einem Holzschubkarren bestand, auf dem der Wetzstein auf einem Gestell befestigt war. Da das Schleifen nur mit einem feuchten Schleifstein möglich war, hing an einem langen Stecken eine Konservendose, die tropfenweise durch einen Federkiel Wasser auf den Schleifstein abgab. Daher auch der Spruch: »Dem sei Nas got wia a Schleiferskübale«.

Das trübe Wasser, das dann später auf den Boden tropfte, ist Namenspatron der »Dampfnudeln in dr Schleifersbrüah«, die auf rohen Kartoffeln gedünstet werden. Die Schleifsteinmaschinerie selbst hatte einen Fußantrieb, ähnlich einer Nähmaschine. Ganz früher war an der Seite ein Griff – ein »Driebel« – zum Drehen des Steines. Da der Scherenschleifer beide Hände zum Schärfen der Messer benötigte, war meistens ein Junge dabei, der das Rad antrieb, Messer austrug und unterwegs als »Zugtier« den Karren zog. Nicht selten waren auch Hunde als Zugtiere im Einsatz. Hundefuhrwerke kennt man seit dem 16. Jahrhundert. Der Hund war das typische Zugtier der armen Leute, also besonders der Hausierer und Scherenschleifer. Im 19. Jahrhundert galt es in den oberen Gesellschaftsschichten als besonders schick, wenn Bernhardiner die kleinen Kinderkutschen und Schlitten zogen.

Am 1. April 1903 wurde ein neues Tierschutzgesetz verabschiedet, in dem Hunde als Zugtiere verboten wurden. Im August 1914 setzte der Erste Weltkrieg aber neue Prioritäten. Große, kräftige Hunde zogen im Dienste der Reichswehr Maschinengewehre und Munitionskisten auf kleinen Karren an die vorderste Front.

Die Scherenscheifer zogen mit ihrem Wetzstein über Land; häufig mussten ihre Kinder bei der Arbeit helfen.

Heute dürfen die Huskies nur noch unsere Winterabenteurer durch die Lande schleppen.

Unsere Schleifergeschichte beschließen wir mit zwei lustigen Versen aus jener Zeit:

Scheraschleifer Michale,
Schleif mir au mei Sichale,
Schleif mer's aber guat,
Sonscht komme mit dr Ruat!

Scheraschleifer lebet luschdig,
Scheraschleifer lebet schee,
se zahlet koin Zehnta,
koi Kuah got an he.

DER LEIERKASTENMANN

Von den Ferien bei meiner hochgeschätzten Großmutter in Ulm-Söflingen ist mir immer noch der Leierkastenmann mit Zylinder und seinem kleinen Äffchen in Erinnerung. Meine Großmutter packte immer Geldstücke in Zeitungspapier und warf sie dem Musikanten auf die Straße hinunter.

Schon im Mittelalter zogen Bänkelsänger durch die Lande, um auf Märkten das Volk zu unterhalten und ein paar Kreuzer zu verdienen. In der Neuzeit wurden Blas- und Saiteninstrumente oft von der Drehorgel ersetzt. Der Leierkastenmann drehte die Orgel und seine Begleiterin, meist recht dekorativ und farbig gekleidet, schmetterte ihre Arien dazu. Um Mitleid zu erwecken und die Geldbörsen zu öffnen, sammelte meist ein halbnacktes Kind die milden Gaben ein.

Ein jährliches Treffen der Bänkelsänger war das Cannstatter Volksfest. Beliebtes Thema der Vortragskünstler war beispielsweise die »Historia vom Räuberhauptmann Hannikel«. Aber auch die

Hungerjahre 1816/17 und die Revolution von 1848/49 fanden ihren Niederschlag in Liedern. Schreckliche Moritaten über die Räuberbraut bis hin zum gefährlichen Leben der Flößer und Wilderer erfreuten die Zuhörer. Die besten Geschichten wurden reichlich mit Geldspenden belohnt.

DER ZIRKUS

Für uns Kinder war es immer eine kleine Sensation, wenn sich in Münsingen ein kleiner Zirkus ankündigte. Einmal, ich erinnere mich sehr gut daran, spannten die Zirkusleute ein Drahtseil vom Rathaus bis zu den Pappeln gegenüber und ein Drahtseilkünstler überquerte diese Strecke mit einer langen Balancestange. Die halbe Stadt war gekommen, um dieses Kunststück zu bewundern. Ein anderes Mal kam eine Gruppe Zigeuner mit fünf Wagen, die am Abend eine kleine Vorstellung gaben. Sie hatten einen Tanzbären, ein Dromedar und ein paar kleine Äffchen als Attraktion dabei. Dressierte Hunde vollführten allerlei spaßige Darbietungen – Kunstreiter zeigten waghalsige Kabinettstückchen, die mit viel Applaus belohnt wurden.

Für uns Kinder war aber der »stärkste Mann der Welt« die größte Sensation, konnte er doch richtige Eisenketten sprengen. Die Schausteller lagerten immer auf dem so genannten »Zigeunerplätzle«, das natürlich außerhalb des Ortes lag, in der Nähe vom Alenbrunnen, wo sie sich mit Wasser versorgen konnten. Sie waren nie länger als ein paar Tage am gleichen Ort. Die Frauen gingen in dieser Zeit im Ort hausieren und verkauften Spitzen, Schuhbändel, Nähsachen und Mottenkugeln. Schaustellergruppen zogen schon seit Jahrhunderten durch die Lande und führten an Höfen und in Städten ihre Attraktionen und Künste vor.

In Ulm, auf dem Judenhof, gastierte im 18. Jahrhundert eine Gruppe, die einen Hund vorführte, der lesen und rechnen konnte. Ein Pferd soll sogar die Gedanken der Menschen erraten haben.

Zigeuner versuchten häufig, sich ihren Lebensunterhalt als Schausteller aufzubessern. Hier zwei Gruppen mit Tanzbären.

Exotische Tiere wie ein Kamel und Äffchen zogen im 19. Jahrhundert das Publikum an.

Eine 19jährige Frau aus Lappland konnte mit ihren Haaren einen sechs Zentner schweren Amboss heben. Man schreckte auch nicht davor zurück, die kleinsten Menschen der Welt zur Schau zu stellen. Ein Hund sprang durch einen brennenden Reifen. Als etwas ganz Neues wurde ein chinesisches Tafelfeuerwerk angekündigt.

So war auch schon früher für Unterhaltung und Kurzweil bestens gesorgt.

»D'Hausierer von Böhma treibat Danzbära her,
ond d'Schpitza von Mailand mögat d'Mädla no mehr.«

DIE SANDHÄNDLER

Ein besonderes Ulmer Original war »dr Sa(n)djackl«. Er zog mit einem Eselkarren voll mit feinem Sand durch Ulm und drum herum und verkaufte den Hausfrauen weißen und grauen Fegesand, um den Haushalt auf Vordermann zu bringen.

Wenn der Ruf »Saad, kaufat au Saad« ertönte, schickten die Frauen größere Kinder auf die Straße, um für ein paar Pfennige Scheuersand zu kaufen. Zeitzeugen behaupten, den Sand hätte er aus dem Kies der Donau gewonnen. Nun, vielleicht den groben, grauen Sand, aber bei dem feinen weißen Sand bin ich nicht so sicher, denn der hat seine eigene Geschichte.

Die meisten Berglandschaften des württembergischen Unterlandes werden in Bau und Form von der vierten Stufe des Mittleren Keupers, dem Stubensandstein, bestimmt. Dieser Stein besteht zum überwiegenden Teil aus weißen Sandsteinen, die einen durchschnittlichen Quarzanteil von achtzig Prozent haben. Jahrhundertelang spielte dieser Sandstein in unserem Lande eine nicht unbedeutende Rolle als Baumaterial. Als Bau- und Werkstein war er bei den Architekten sehr geschätzt. War er besonders kieselig, so gab er ausgezeichnete Werk-, Schleif- und Mühlsteine ab.

Bekannte württembergische Bauten wie das Rathaus von Stuttgart, die Tübinger Universität sowie Kirchen in Schwäbisch Gmünd, Esslingen und Reutlingen verdanken ihr vornehmes Aussehen dem Stubensandstein.

Eine besonders große Rolle spielte er aber, zu Sand zerkleinert, als Schreib- und Bausand sowie als Feg- und Einstreusand in den Stuben. Als feiner Schreibsand wurde er hauptsächlich zum Löschen der schwer trocknenden Tinte in den Amtsstuben eingesetzt.

Der weitaus größere Teil wurde aber als Putz- und Fegesand verbraucht. Gesandelt wurde überall dort, wo man hölzerne Stubenböden hatte und sie mit genagelten Acker-, Stall- und Straßenschuhen betrat.

Mindestens einmal in der Woche wurden diese Böden, die bis um 1850 fast in jedem Haushalt anzutreffen waren, mit Wasser und Sand gründlich gereinigt. Um den Boden schneller trocken zu bekommen, wurde er mit frischem Sand bestreut, der die Nässe aufsaugte. Den Sand ließ man liegen. Er schützte das weiche Holz vor Schrammen durch die genagelten Schuhe und verlieh ihm nach dem Auskehren eine schöne helle Farbe. Meist wurde am Samstag gestreut und am Sonntagabend ausgekehrt. Er blieb aber auch nicht selten die ganze Woche liegen. So gab es schwäbische Hausfrauen, die ja für ihre manchmal übertriebene Gründlichkeit bekannt sind, die mit Rechen Muster in den Sand zeichneten – und die Stuben abschlossen, weil sie um ihre Kunstwerke fürchteten. Nachdem die Böden aber seit dem 19. Jahrhundert geölt und

Das Sandgraben war lange Zeit für viele Bauern ein beachtlicher Nebenerwerb. Das Bild zeigt einen der letzten »Sandbauern«, Christian Schatz aus Korb im Remstal um 1950.

gewachst wurden, war es doch rasch zu Ende mit der Sandspielerei im guten Wohnzimmer.

Der Fegsand diente auch zur Reinigung der damals zahlreichen hölzernen Kübelgeschirre wie Stallgelten, Schöpf- und Mehlkübel und anderen Zubern aus Holz, die täglich vor dem Gebrauch mit feuchten Strohwischen gescheuert und dann sauber ausgespült wurden. Ab etwa 1880 kamen immer mehr Blechgeschirre in Mode und die Scheuerei blieb den Frauen erspart.

Die Gewinnung des Stubensandes erfolgte zum Teil mit Sandmühlen, zum Teil wurde er in unverfestigten Lagen in Sandgruben über und unter Tage abgebaut.

Ein Mittelpunkt des Sandhandels war Korb im Remstal, das den Stuttgarter Raum mit Sand versorgte. Der größte Sandhandelsplatz war aber Sternenfels. So gab es dort noch im 19. Jahrhundert an die 54 Sandbauern, die mit ihren einspännigen Kastenwägen bis ins Rheintal zogen. Bei dem niedrigen Preis für ihr Erzeugnis kann man sich vorstellen, dass sich niemand von ihnen über zu großen Reichtum beklagte. Drum ist auch Schluss mit der Sandlerei. Schauen wir, wer sich sonst noch auf der Straße tummelte.

DIE HAUSIERER

Im Jahre 1882 waren in Württemberg mit 22.000 Personen im Hausierhandel genauso viel Menschen beschäftigt wie in der damaligen Metallindustrie.

Unter Hausierern verstehen wir Personen, die selbstgefertigte Waren wie zum Beispiel Bürsten und Töpferwaren im direkten Hausbesuch verkauften. Aber auch Waren wie Bücher und Textilien, die von Dritten hergestellt wurden, wurden so vertrieben. Die Renner waren hier Strümpfe, Seidentücher oder Kappen. Die Ware ließen sie sich mit der Bahn nachschicken oder sie zogen mit Pferdefuhrwerken in ihre Zielgebiete, wo sie, in einzelne Gruppen aufgeteilt, in ihre genau festgelegten Reisebezirke weiterzogen.

Eine Hutmacherin auf Wanderschaft: Für viele Landbewohner waren die regelmäßigen Besuche der Hausierer die einzige Gelegenheit, bestimmte Waren zu bekommen.

Vor allem im Schwarzwald hatte sich das Heimgewerbe der Uhrenhersteller entwickelt. Ihre Produkte brachten Hausierer in aller Herren Länder.

Die Trennung der Gruppe, pro Wagenladung waren es so an die sechzehn Personen, wurde in einer Wirtschaft noch kräftig begossen, denn viele Familienmitglieder waren nun auf Wochen getrennt. Viele Familien betrieben den Hausierhandel bereits in der dritten und vierten Generation und jede hatte traditionsgemäß ihren eigenen »Strich«. In der Regel hatten sie dort auch feste Standorte in einem Gasthaus oder Privatquartier. Als Übermittler von Neuigkeiten aus der großen weiten Welt waren sie willkommene Gäste. Von ihren festen Quartieren zogen sie mit ihrer »Krätze« auf dem Rücken in die umliegenden Dörfer und Einzelgehöfte. Sie hatten dort ihren festen Käuferstamm und wurden bereits erwartet. So genossen die Killertäler Hausierer das Vertrauen ihrer Kunden, im Gegensatz zu den herumziehenden Bettlern und sonstigen Vagabunden.

Eine junge Hausiererin schrieb am 17. April 1867 aus Wangen nach Hause:

»Bin gantz miede von der Reise, hab Blatern (Blasen) an den Füßen und einen hungrigen Bauch. Ich bin Gott sei es gedankt immer gesund auch habe ich den ganzt Tag eine ordentliche Mark gehabt. Bald komme ich nach hause, es ist noch 14 Tage, die Zeit ist zwar geschwind vorbei...«

Ein hartes Los, besonders für Frauen, die eine bemerkenswert selbstständige Rolle in diesem Beruf spielten. Oft waren die Frauen allein auf der Reise, während der Mann zu Hause die kleine Landwirtschaft versorgte. Wenn beide Ehepartner auf der Reise waren, gingen sie nicht selten getrennte Wege, was für die wirtschaftliche Selbstständigkeit und das Selbstvertrauen dieser Frauen spricht. Oft begleiteten die Kinder nach dem Schulabschluss mit vierzehn Jahren den Vater oder die Mutter, um so mehr Ware transportieren zu können.

Später brachten die Großhändler den Hausierern die Ware direkt in die Dörfer. Der Killertäler Hausierhandel bestand von 1760 bis 1960, also über zweihundert Jahre.

Die Hausierer gehörten ohne Zweifel zu den häufigsten Benutzern von Weg und Steg – es war sozusagen ihre zweite Heimat. Allein in Bayern waren Ende des 18. Jahrhunderts zehn Prozent der Erwerbstätigen auf den Straßen unterwegs. Neben Samen- und Uhrenhändlern (Schwarzwald), warben Buch- und Schmuckhändler (»vielleicht a Ahängerle gfällig«), Bürstenbinder, Hafner mit Haushaltsgeschirr, Bettzeugkrämer, Korbflechter, Fellhändler, Köhler und Kesselflicker. Mäusefallenhersteller und –händler versuchten, mit ihrem Ruf:

»Mäusefallen! Rattenfallen! Kucheblech!
Hafendeckel, Mehlsieb, grobe Sieb!
Nix zum Schachern? Nix zum machen? Nix zum flicken?«

Käufer anzulocken oder sonst ins Geschäft zu kommen.

DIE QUACKSALBER

Andere zogen als Hausierer und Quacksalber durch die Lande und versuchten Schleifsteine, Rasierriemen, Messer, Fleckseife, Duftwässerle – »des isch aber guate Schmecke«, pflegten wir als Kinder zu sagen – und ähnlichen »Kleinkruscht« zu verkaufen.

Ein unfehlbares, unschätzbares und einmaliges Universalmittel versuchte der Quacksalber am Schluss seiner Verkaufsgespräche an den Mann bzw. an die Frau zu bringen. Es half gegen: Rost-, Blut-, Fett-, Schimmel-, Schmutz- und Tintenflecke. Aber auch Wein- und Teerflecke sollte es entfernen. Zudem priesen sie ihre Allheilmittel gegen Husten, Erkältungen aller Art, Magendrücken, Nieren- und Gallenkoliken, Blasenkatharr, Zahnweh und Gliederschmerzen an.

Irgendeinen Schmerz hat ja schließlich jeder – ob es geholfen hat, ist nicht überliefert; geschadet hat es hoffentlich niemand. »Oim hilft d'Arznei emmer, isch's net beim Patient, so doch am Doktor«, besagt ein alter Spruch aus dem Volksmund.

Für Geld machten sie fast alles, ganz Unerschrockene zogen auch Zähne, entfernten Hühneraugen und wussten Rat bei erkranktem Vieh, indem sie obskure Heilkräutersäcklein im Stall aufhängten oder sonstigen Hokuspokus vollführten.

DIE SCHINDELMACHER

Ein ganz anderer Erwerbszweig von sicher seriöserer Art waren die Schindelmacher aus dem Schwarzwald. Landauf, landab trifft man dort Schwarzwaldhäuser, Bahnhöfe, aber auch Bürgerhäuser, die mit dem »Schindeltäfer« verkleidet sind. Das Schindeltäfer wirkt auf den Betrachter warm, anheimelnd und genauso ist auch die Wirkung dieser attraktiven Hausverkleidung. Denn sie schützt das Haus ganz hervorragend vor kalten Winden und frostiger Kälte. Eine ideale Hausisolierung, die wieder in Mode gekommen ist, denn wie ein Schuppenpanzer liegen die Schindeln übereinander und schützen das Haus vor Wind und Wetter. Die Schindeln wurden in der kalten Schwarzwälder Winterzeit hergestellt. Da saß oft die ganze Familie in der großen Stube zusammen, schnitzte und werkelte, Lieder wurden gesungen, Geschichten erzählt, auf dem Ofen summte der Wasserkessel und der herrliche, harzige Duft des Tannenholzes durchzog das ganze Haus – Stunden des Glücks – Augenblicke der »guten alten Zeit« – wie wir sie uns erträumen?

Die Hersteller nannte man landläufig »Schindelmacher« oder »Schindeldecker«, weil sie auch gleichzeitig die Häuser »anschindelten«.

Einer ihrer Hauptsitze war Busenweiler im Heimbachtal, bei Dornhan im Landkreis Rottweil gelegen. Die Schindelmacherei erforderte eine ziemliche Fingerfertigkeit und eine präzise Arbeitsweise, nicht umsonst gab es regelrechte Schindelmachermeister. Bei der Herstellung sitzen sie auf einem Hocker und zerlegen die Holzblöcke mit der »Spaltklinge«. Auf dem Schneidbock

In waldreichen Gegenden, wo Landwirtschaft wenig einbrachte, blühten vielerlei Kleingewerbe, die Holz verarbeiteten – wie hier die Schindelmacherei in Neuhütten. Bis in die 1950er-Jahre waren die Schindeln für Dach und Hauswand ein Handprodukt.

wird mit dem Schneidmesser dann die Schindel zurecht geschnitten. Zur Herstellung von tausend Schindeln braucht ein Mann ungefähr zehn Stunden, also einen Arbeitstag. Sie kosteten ganz früher 2,50 Mark (1958 lagen sie bei zwanzig deutschen Mark), ein gar karger Lohn. Zum Glück war es nur Zubrot, denn die meisten waren Selbstversorger und hatten kleine Güter. Um einen Quadratmeter anzuschindeln, benötigt man je nach Größe vierhundert bis sechshundert Holzschindeln. Sie wurden auf eine zuvor am Haus angebrachte Bretterverschalung aufgenagelt. Um sie gegen Wettereinflüsse abzudichten, wurde manchmal Dachpappe unterlegt. Eine gut verlegte Verschindelung mit einem geregelten Ölanstrich kann bis zu einhundert Jahren halten.

Daneben gab es noch die hölzernen Ziegelschindeln, die bei uns zu Hause ein beliebtes Spielzeug waren, besonders im Sandkasten. Die Ziegelschindeln dienten zum Abdichten des Spalts zwischen den Dachziegeln und wurden in Bündeln zu fünfhundert Stück verkauft.

Noch gut erinnern sich die »Alten«, wie sie im Frühjahr mit Pferd und Wagen voller Schindeln weit ins Badische und Württembergische hinauszogen. Die gute Qualität der handgemachten Täfer- und Ziegelschindeln aus dem Schwarzwald wurde bis ins Rheinland und weit Donau abwärts geschätzt. Aber auch in anderen waldreichen, abgelegenen und nicht so ertragreichen Landstrichen waren im Winter Schindelmacher am Werk.

So wohnte in den Oberämtern Backnang und Weinsberg ein Drittel der Hausierhändler des gesamten Neckarkreises, der aus insgesamt siebzehn Oberämtern bestand. Die Vertriebsware bestand hauptsächlich aus selbstgefertigten Holzprodukten wie Besen, Wäscheklammern, Rechen, Gabeln, Kochlöffeln und besonders Holzschindeln. Sie trugen ihre Ware auf den Rücken geschnallt von Dorf zu Dorf. Besser dran waren schon die Kleinhändler, die ihre Ware auf Schubkarren oder Leiterwagen mit einer Ladung von bis zu 6.000 Schindeln transportieren konnten.

REISENDE BUCHHÄNDLER

Nach der vielen Muskelarbeit machen wir eine kleine Pause und wenden uns angenehmeren Dingen zu, wie dem Schmökern in alten Büchern der letzten drei Jahrhunderte.

Wer glaubt, die Bauern interessierten sich nur für die Bibel, das Gesangbuch und den Trächtigkeitskalender, ist auf dem Holzweg. Die Inventurlisten in den Rathäusern erzählen uns, was der Buchmarkt jener Zeit zu bieten hatte. Natürlich stehen kirchliche Bücher an erster Stelle. Es war ja fast ein Muss, im Besitz der Traubibel und des Gesangbuches zu sein. Aber dann folgten gleich

Titel wie Krankentrost, Starkenbuch und Habermändle. Aus der Barockzeit stammen die Bücher »Geistliche Seelenwayd«, »Frommer Christen Wasserquell« oder das »Paradiesgärtlein«. Natürlich fehlten nicht die Fachbücher fürs Kochen, aufklärerische Schriften vom Landbau, der Bienenzucht, Pferdepflege, Obstgewinnung, historische Werke, Landkarten und gelegentlich ein Werk von Hebel, Schubart, Hauff und Schiller.

Die Hausierer aus Reutlingen und Eningen hatten aber auch, meist versteckt in Geheimfächern ihrer tragbaren Buchläden, aufklärerisches Schriftgut wie Flugblätter gegen Kaiser und Fürsten, Kirche und Papst für ihre Kunden im Angebot. Die Liste der zensierten Bücher war lang und ihr Verkauf und Besitz strengstens verboten. So ließ man abergläubische Schriften und verbotene Flugblätter schnell verschwinden, bevor der Schultes nach einem Todesfall zum Aufstellen der Inventurliste erschien.

Da es auf dem Land keine Buchläden gab, waren die Bauern auf die reisenden Buchhändler angewiesen. Deren Bauchladen war mittels eines Ledergurtes an der Taille festgeschnallt und teilweise zum Aufklappen, sodass der Händler seine Hände zum Präsentieren seiner Ware frei hatte. Es gab auch Bücherkisten, die man auf dem Rücken trug und die wie ein Schrank aussahen.

Eningen bei Reutlingen hatte im 18. Jahrhundert schon über viertausend Einwohner und galt als größtes Dorf von Württemberg. Seine kleine Markung konnte natürlich bei weitem nicht alle Bewohner ernähren. So betrieben zwei Drittel der Einwohner den Hausierhandel, wobei die Bücher favorisiert wurden, lag doch die Buchdruckerstadt Reutlingen in der Nachbarschaft. Im guten Mannesalter führte ein fleißiger Hausierer dreißig bis vierzig Buchtitel, Landkarten, Bilder und Flugblätter bei sich, darunter auch so genannte »heiße Ware« wie abergläubische Literatur, Traum-, Zauber- und Sympathiebücher, Legenden-, Wallfahrts- und Fegfeuerbüchlein, aber auch Hefte der Liebeskunst – »denn die Liebe geht nicht nur durch den Magen«, hatten auch die Blauhemdträger auf der Alb festgestellt.

Weiter finden wir noch Bücher vom Wundsegen, Planetenlesen und Wahrsagen. Vor allem die Reutlinger Kalender mit viel Aberglauben für Mensch und Vieh waren sehr beliebt und, wie sollte es anders sein, verboten.

Besonders der württembergischen Obrigkeit war der Kalender ein Dorn im Auge. Die Leute sollten arbeiten oder in der Bibel lesen. Die Herrschaften vergangener Tage wollten keine belesenen und aufgeklärten Landeskinder. Die Schäflein des Herrn ließen sich viel besser als unbedarfte und unwissende Bürger scheren. Und man hielt sie auch sonst an der kurzen Leine. So war im 19. Jahrhundert ein Reisepass leichter zu erhalten als ein Gewerbeschein fürs Ländle. Davon könnten die Gönninger Samenhändler ein Lied singen, die ihre Ware in der Schweiz, in Frankreich, Italien, Schweden, der Türkei, ja sogar bis nach Russland und Amerika vertrieben.

DIE GÖNNINGER SAMENHÄNDLER

1763 hatte der nahe bei Reutlingen gelegene Ort Gönningen gerade mal 210 abgabepflichtige Bürger. Achtzig Jahre später hatte die Ortschaft bereits 2.500 Einwohner, wovon jeder zweite im Samenhandel tätig war. Der älteste Hinweis über den Samenhandel findet sich im Gönninger Kauf- und Fleckenbuch von 1594. Richtig in Schwung kam der Handel aber erst nach dem Dreißigjährigen Krieg. Die verarmten Menschen fanden keine Arbeit mehr. Weder das Handwerk noch die Landwirtschaft waren in der Lage, die schnell wachsende Bevölkerung zu beschäftigen. Die Gönninger suchten wie viele Landeskinder ihr Glück im Geschäft von Tür zu Tür. Sie begannen, mit Dörrobst, Honig, Pflanzen, Nüssen, Zwiebeln, Hopfen und Samen zu handeln. Letzterer wurde später zu ihrem Markenzeichen.

Erfolgreiche Samenhändler belieferten sogar den Zarenhof in St. Petersburg und gründeten dort regelrechte Niederlassungen.

Die Gönninger Samenhändler, hier zwei Bilder um 1910, zogen mit ihrer Ware in die ganze Welt. Teilweise kamen sie durch große Absatzmengen zu beachtlichem Wohlstand.

Aber bei allem Abenteuergeist und Erfolg im Handel sollte man nicht die 244 namentlich bekannten Gönninger vergessen, die unterwegs ihr Leben ließen und zwischen Nordsee und Ural begraben sind.

Eine Tat soll in Ungarn ans Tageslicht gekommen sein, als im Frühjahr in einem Garten plötzlich Tulpen blühten, die der Mörder in der Jacke des Hausierers wohl übersehen hatte.

Das am kalten Fuß der Alb fünfhundert Meter hoch gelegene enge Gönninger Tal war für die Samenzucht völlig ungeeignet. Die Sämereien bezogen die Händler aus Esslingen, Ulm und Italien, Holland, Frankreich und Dänemark. Die Gönninger Samenhändler waren überall gern gesehene Gäste, brachten sie doch nicht nur neue Züchtungen ins Land, sondern auch Neuigkeiten aus der Heimat und fernen Ländern. Ihr erweiterter Horizont, ihr Wissen und das Selbstvertrauen, das sie ausstrahlten, wurden im Land ihrer Ahnen mit großer Skepsis beobachtet. Besonders ihr »ädleres Inneres« würde sehr darunter leiden, heißt es im Pfarrbericht von 1827. Mit dem Einzug der Eisenbahn begann der Niedergang des Samenhandels. Heute gibt es nur noch eine Handvoll Gönninger Gemüse- und Blumenhändler. Der Hobbygärtner von heute kauft lieber auf dem Markt oder beim Gärtner seine fertig gezüchteten Jungpflanzen.

DIE BÜRSTENBINDER

Noch weit ins 20. Jahrhundert hinein kamen jedes Jahr die Bürstenbinder und -händler aus Lützenhardt zu uns, um ihre Bürsten anzubieten. Sie trugen ihre Ware an langen Gurten oder Drahtringen befestigt über der Schulter und der Brust.

Das Dorf Lützenhardt selbst liegt am Ostrand des Schwarzwaldes und hat eine bemerkenswerte Geschichte. Beginnen wir mit dem Freiherrn von Raßler-Weitenburg, der 1750 den Gutshof Lützenhardt erwarb. Der Hof war aber nicht besonders rentabel, sodass der Freiherr dort Korbflechter, Bürsten- und Besenbinder, Zunder- und Feuersteinhändler ansiedelte und ihnen den Hof auf Erbpacht überließ. Das Steuereinkommen konnte so erheblich gesteigert werden. Aber der Hof war für die schnell wachsende Gemeinde der Kleinhändler bald zu klein und die meisten Einwohner sicherten sich ihr spärliches Einkommen durch Herstellung und Vertrieb von Bürsten, Körben und Regenschirmen. Es wurde ein Dorf ohne Bauern und zählte wohl zu den ärmsten Ansiedlungen des Bezirkes.

Für die Milchgewinnung hielten sie sich Ziegen, und um ihren eintönigen Küchenzettel etwas aufzubessern, wurde reichlich Federvieh gehalten, das, wenn Not am Mann war, auch verkauft wurde. Etwa sechzig Prozent aller Haushalte lebten vom Bürstenmacherhandwerk. Leider fehlte ihnen der nahe Markt der Städte und so waren sie, Männer und Frauen, gezwungen, von Zeit zu Zeit auf die Reise zu gehen, derweil die Alten und Arbeitsunfähigen für die Kinder sorgten. Das scheinbar ungebundene, freie Leben war ein hartes Brot und das ewige Betteln um ein paar Kreuzer war demütigend genug. So wurden die Lützenhardter ein isoliertes Völkchen ohne Land und Ansehen. Bemerkenswert daher die Lebenskraft, die bis heute die Gemeinde auszeichnet. Auch hier hat die industriell hergestellte Bürstenware, zum Teil aus Kunststoff, den Handwerkern langsam aber sicher den Garaus gemacht. Not und Hoffnungslosigkeit machte sich breit. Doch man ließ sich nicht unterkriegen und setzte neue Prioritäten. Heute finden wir dort ein schmuckes Schwarzwalddorf, das im Fremdenverkehr sein neues Auskommen gefunden hat.

Ein ähnliches Schicksal hatten die Gemeinden Wildenstein, Lautenbach, Deufstetten und Matzenbach in Ostwürttemberg, nahe Crailsheim, wo nach dem Dreißigjährigen Krieg zahlreiche, nun arbeitslose Söldner angesiedelt worden waren. Sie erhielten in der Regel ein winziges Häuschen ohne Land, das sie dazu zwang, ihr Auskommen als Hausierhändler zu suchen. Mit ihren selbstgebundenen Besen und Bürsten reisten sie mit dem Planwagen bis

Viele Bürstenbinder schleppten ihre Ware auf dem Rücken von Dorf zu Dorf. Mit einem harten, oft demütigenden Wanderdasein sicherten sie sich ihr spärliches Einkommen.

nach Ostpreußen, in die Schweiz und ins Elsass. Ansonsten schleppten sie ihre Ware auf dem Rücken von Dorf zu Dorf, von Tür zu Tür. Nicht wenige Neuansiedler waren dazu gezwungen, für ihren Lebensunterhalt noch zu betteln.

Ein Spottvers aus jener Zeit erzählt von der Not der dort ansässigen Untertanen:

»Z' Wildestaa ond z' Matzabach
sitz dr Honger auf am Dach.«

Wer es sich leisten konnte, erwarb ein oder zwei »Klepper« und zog mit einem Wagen voller Steingut durch die Lande. Wo möglich, sammelten sie auf ihrer Fahrt alte Lumpen und Knochen, die sie an Fabriken verkauften. Auf der Reise führte der Mann die Pferde, hinterm Wagen marschierte die Frau und die kleinen Kinder durften noch auf dem Wagen mitfahren.

Sie versuchten, zu Allerseelen wieder zu Hause zu sein, um die Gräber ihrer Ahnen zu schmücken und die kalte Jahreszeit am eigenen Herd zu verbringen.

Die Verse »Klein aber mein« oder »Eigner Herd ist Goldes Wert« stammen womöglich aus dieser Zeit. Denn nur wer bei Wind und Wetter und den täglichen Gefahren auf der Straße wochen-, oft monatelang unterwegs war, wusste, was heimkommen bedeutete.

In den Jahren nach dem Ende des Zweiten Weltkrieges kämpften die Händlerfamilien dieser Dörfer ums nackte Überleben. Einige sammelten Papier, Metalle und andere wiederverwertbare Materialien, um wenigstens das Nötigste anschaffen zu können. Andere begannen mit dem Vertrieb von Unter- und Oberbekleidung, Strümpfen, Handschuhen usw. und konnten damit ihre Familien gut ernähren. Tüchtige Händler wurden damit so wohlhabend, dass sie den Neid der anderen zu spüren bekamen.

Fast jeder fünfte Einwohner der rund tausend Seelen zählenden Gemeinde Matzenbach und der 1.400 Einwohner von Unterdeufstetten war Besitzer eines Wandergewerbescheins.

HAUSIERERSCHICKSALE

Der Hausierhandel hatte seine eigenen Gesetze und Eigenarten und formte einen ganz besonderen Menschentyp, der dem erdverbundenen Bauern oft fremd war. Der eine beneidete das relativ sichere Einkommen der Landwirtschaft, der andere beneidete die oft fremdländisch wirkenden Reisenden um ihre Freiheit und ihr Wissen über Gott und die Welt.

Betrachten wir doch die »Helden der Landstraße« vergangener Tage und ihre Geschichte etwas näher. Im letzten Jahrzehnt des

Die Mechanisierung der Landwirtschaft ließ viele der Wandergewerbe verschwinden. Der umherziehende Siebmacher beispielsweise, hier bei der Arbeit um 1950, war bei der Reparatur moderner Erntemaschinen überflüssig.

19. Jahrhunderts kam auf einhundert Einwohner ein »ambulanter Gewerbetreibender«, so der amtliche Begriff. Und sie waren in beinahe jeder Gemeinde ansässig. Allein die Händler von Eningen, wir haben sie bereits vorgestellt, haben 1854 Waren im Wert von 5,5 Millionen Gulden umgesetzt. Die Hausierer gehörten zum dörflichen Alltag und das bis weit ins 20. Jahrhundert hinein. Sie waren das Bindeglied zur großen weiten Welt und sorgten für die kulturelle Annäherung an die Stadt. Noch 1861 wird in einem Bericht der königlichen Armenkommission die hohe Verschuldung der Händler hervorgehoben. Die Vermögensverhältnisse waren schlicht gesagt trostlos. Die Häuser waren überschuldet, es fehlte am nötigen Mobiliar, die Betten waren nicht selten im Leihhaus. Die ganze Kinderschar schlief meist auf einer Lage Stroh wie das Vieh. Daher wohl der Spruch von »einem Stall voller Kinder«.

In der frühen Neuzeit, vor allem aber im 18. Jahrhundert, siedelten viele Landesherren fahrendes Volk, »jenischen Adel« und Juden an, um mit deren Steuern das herrschaftliche Säckel wieder aufzufüllen. Als Gegenleistung bekamen die Vagabunden das Heimatrecht, aber selten genug Grund und Boden, um sich davon zu ernähren. Die Neuansiedlung war unter den Territorialherren eine beliebte Methode zur Erschließung neuer Kapitalquellen. Denn »Kleinvieh gibt auch Mist« oder »wo Volk ist, gibt's auch Steuern« war schon damals die Parole.

Die in Altwürttemberg mehr und mehr üblich gewordene Realteilung und die dadurch immer kleiner werdenden Grundstücke konnten nun die Großfamilien mit den zahlreichen Kindern nicht mehr ernähren und zwangen die Nachkommen, als Taglöhner oder Hausierer ihr Leben zu fristen. Der Wald bot einigen als Waldarbeiter und Köhler einen Zusatzverdienst.

DIE STÖRLEUTE

Eine Besonderheit im allgemeinen Hausierhandel waren die Störleute, die ihre Arbeitskraft für kurze Zeit verkauften. Es waren hauptsächlich Taglöhner, Saisonarbeiter (Ernte), Maurer, Gipser und Zimmerleute, Schuster, Schneider und Schneiderinnen, die letztgenannten erledigten vor allem Reparaturarbeiten.

Die Schneiderin, die nach der Ernte zum Nähen und Flicken ins Haus kam, hatte meist ihre festen Häuser. Ihre Tätigkeit bestand hauptsächlich aus Flickschneiderei, wie zum Beispiel den Bubenhosen ein neues Hinterteil zu verpassen oder den Hemden neue Kragen aufzusetzen, dem Bauern den Anzug etwas weiter zu machen und den Mädchen die Röcke zu verlängern. Aus den Textilabfällen nähte sie dann am Ende den Kleinen eine Stoffpuppe. Manchmal war sie bis zu sechs Wochen im Haus, wenn es galt, dem Altbauern einen schwarzen Anzug zur »Leich« zu nähen.

Hier noch ein paar nette Verse aus jener Zeit.

Große Schtich brengat au a Geld,
hot sell Nähre gsait!

Des gibt sich beim Bügla,
hot sell Schneidr gsait,
wia'r's Hosatürle
henta nagnäht hot.

Mei Schatz isch a Nähre,
sui näht auf dr Schtör,
ond wenn se no hoim kommt,
na trag i ihr Scher.

DIE TRÄGER

Zum Berufsbild der Hausierer gehörten auch die »Träger«, offenbar eine spezialisierte Form der älteren Hausierer. Umherziehende Papierträger, die Ware aus heimischen Papiermühlen vertrieben, waren zuerst anzutreffen. Wenig später gesellten sich die Glasträger aus dem Schwarzwald dazu, die sich im 18. Jahrhundert nach Handelsbezirken streng organisierten. Weiterhin gab es die Compagnie der Pfälzer-, Elsass-, Schweizer- und Schwabenträger. Den Weltmarkt erschlossen sich die Schwarzwälder Uhrenmacher nach demselben System der Trägercompagnien. Die nicht unvermögenden Uhrenhändler grenzten sich von den ambulanten Hausierern gezielt ab. Sie waren sozusagen der »Hochadel« des Hausierergewerbes.

Blick in eine Uhrmacherwerkstatt im Schwarzwald. Ursprünglich bauten die Schwarzwälder ihre Uhren vor allem während des langen Winters, bevor die steigende Nachfrage mehr und mehr zur Massenherstellung führte.

DIE HAIPFLER

Die Vermarktung des Laichinger Leinens erfolgte durch einheimische Hausierer und ihre Nachfolger, den Handels- und Musterreisenden. Der Laichinger Weber, der im Alltag seinen Blaukittel trug, holte sein »Sonntigshäs« aus dem Schrank und fuhr in eigener Sache durchs Ländle.

Im Volksmund bezeichnete man sie als »Haipfler«. Ein Haipfel ist auf der Alb nichts anderes als ein Kopfkissen, welches die Händler zusammen mit der anderen Bettwäsche anboten. Manche der reisenden Leinwandhändler wurden dabei recht wohlhabend. War es doch noch bis ins 20. Jahrhundert üblich, fast ein Muss, dass eine junge, heiratsfähige Frau ihre Aussteuertruhe mit Leinenbettzeug bis an den Rand auffüllte. Dafür sorgten schon Mutter und Tanten, dass alles seine Ordnung hatte.

DIE KERZENHÄNDLER

Die Herren des Lichts, also die Kerzenmacher und Kerzenhändler, kamen zweimal im Jahr, im Januar vor Lichtmess und im Spätherbst. »Kalt isch's, dass sogar d'Kerza gfrierat«, sagten sie immer, stellten ihre »Krätz« auf die Ofenbank und wärmten die Hände am Herd, wobei sie rasch den Inhalt der dampfenden Kessel inspizierten, um sich dann häuslich auf der Ofenbank niederzulassen. Denn im Winter hatten die Bauern ausreichend Zeit zu einem längeren Schwatz über Gott und die Welt, das Wetter, vom König und seinen unbeliebten Steuereintreibern. Und bei einem herzhaften Vesper kam man dann so langsam auch aufs Geschäftliche zu sprechen. Man kannte sich und genoss das Gespräch am warmen Ofen, denn fremde Hausierer hatten nicht das Privilieg, auf der Ofenbank Platz nehmen zu dürfen.

Damals waren die gewöhnlichen Unschlittkerzen neben der Petroleumlampe die übliche Beleuchtung für Haus und Stall, bis dann Anfang des 20. Jahrhunderts die Elektrizität den Fortschritt auch im letzten Weiler ins Haus brachte.

Wachskerzen waren dagegen für fromme Zwecke auch später noch unerlässlich und wurden an Lichtmess und am Agathentag geweiht. Sie brannten in der Kirche, bei der Taufe, bei Hochzeiten und Sterbefällen und bei Gewitter im Haus. Geweihte Kerzen waren in jedem Haus zu finden und gehörten zum festen Bestandteil der Brautausstattung. Herrlich mit Gold und Silber verzierte Kerzen waren begehrte Geschenke.

Unter den Kerzenziehern gab es wahre Künstler, die in ihre nach Honig duftenden Wachsgebilde Engelsköpfchen, Lämmlein, Rosen und Vergissmeinnicht oder Jesuskindlein modellierten.

Bevor dann die Dämmerung hereinbrach, packte der Kerzenhändler rechtzeitig seine Siebensachen wieder zusammen und vergaß auch nicht den Unschlitt (Rindertalg) und das Bienenwachs zu verstauen, das er beim Bauern eingetauscht hatte.

SEIFENSIEDER UND ANDERE REISENDE

Ich erinnere mich noch gut, als 1945 nach dem Krieg meine Mutter aus Sparsamkeitsgründen in einem Holzzuber die in einem Sack verwahrte Asche mit heißem Wasser übergoss. Am nächsten Tag wurde die graue, seifige Lauge durch das Spundloch abgelassen und dann zum Waschen und Putzen verwendet.

Bis 1910, so erzählte mir meine Tante, kam noch der Seifensieder auf den Hof. Sein Wagen, von einem strammen Pferd gezogen, war voll gepackt mit Seifenpulver, Soda, in Holzkübeln abgefüllter Schmierseife, Schuhfett, Wagenschmiere, Bremsenöl und Stapeln von Kernseifenriegeln, die man auf der Bühne lagerte, damit sie gut austrockneten, denn so reichten sie länger aus.

Auf dem Rückweg nahm der Seifensieder Rindertalg und minderes Abschöpffett mit, um neue Seife herzustellen.

In den Dorfschenken breiteten die Hausierer nicht selten vor

Beeren sammeln war vor allem in Waldgebieten eine willkommene Möglichkeit des Zuerwerbs. Hier warten Sammlerinnen aus Simmersfeld im Schwarzwald auf die Heimfahrt.

der neugierigen Dorfjugend ihre Schätze aus und priesen ihre Seidentücher, Samtstücke und seidenen Bänder an.

Aus Wiesensteig kamen die Spindel- und Wirtelhändler und lieferten dem Landvolk das Beiwerk für seine Spinnräder. Die Anwohner vom »Goisatäle« sammelten Kümmel, Wachholderbeeren und Hagebutten. Aus Burladingen kamen die Hausierer mit ihren handgefertigten Holzrechen und Kochlöffeln. Aus Ennabeuren die Besenfrauen mit ihren Hof- und Stallbesen. Leinen- und Teppichweber aus Bopfingen sowie Sägenfeiler aus Epfendorf und Oberndorf bereisten die Alb, um ihre Produkte oder Dienstleistungen an den Mann zu bringen.

Ein Langenauer erzählte mir von den Hausierern aus Burgberg, die ihre Hausschuhe, im Volksmund »Entadäbber« genannt, vertrieben. Sie bestanden aus geflochtenen Filzstreifen. Die Filzware stammte aus der Filzfabrik in Giengen. Kamen sie nicht ins Geschäft, so fragten sie: »Koi Katz, koin Hond übrig?« Daraus können wir schließen, dass auf der Alb früher ein reges Handeln und Treiben herrschte. Das bunte Völklein der Hausierer, Störleute, Handwerksburschen und Musikanten fiel wie ein Schwarm Schmetterlinge in die Dörfer ein und sorgte für Abwechslung.

DER LINSENHÄNDLER

Eine Wirtin aus Suppingen erinnert sich noch gut daran, wie bis 1955 »dr Leisama« auf die Alb kam, um dort seine Linsen an die Frau zu bringen. Wie heißt es bei den Linsen doch:

»Leis eini, laut ausi«.

Der »Linsenmann« schickte seine Ware mit der Bahn nach Blaubeuren, von wo sie der »Laichinger Bott« (Bote) mit seinem Fuhrwerk nach Suppingen mitnahm und sie dort im Gasthof Lamm deponierte. Von hier aus belieferte der Linsenhändler mit einem Leiterwagen die umliegenden Höfe und Dörfer. Er kam immer im Januar, Februar und im Spätherbst von Plattenhardt herauf. Im Angebot hatte er kleine und große Linsen, und wer knapp bei Kasse war, kaufte die unverlesenen, wie wir nach dem Krieg. Nach der Linsenlieferung saß bei uns die ganze Familie am großen Tisch und verlas das Lieblingsgemüse der Schwaben. Ich war immer erstaunt, wie viele kleine Steine, Unkrautsamen und Ungeziefer aussortiert wurden.

Es gab ja zu dieser Zeit Menschen, die sich nicht mal diese doch relativ preiswerten Hülsenfrüchte leisten konnten. Ihnen verkaufte der Händler für ein paar Pfennige die »Bruchware«, die beim »Linsentrierer« (Dreschen) beschädigt wurden.

Linsen und Spätzle mit einem Stück mitgekochtem Rauchfleisch (vom Bauch) ist des Schwaben Götterspeise.

Wie sagt der Volksmund: »*A großer Bauch kommt net alloi von kloine Lensa.*«

Wollte man jemanden ärgern, sagte man: »*Gang au hoim ond dua deiner Muddr d' Lensa beiga.*«

Die Linse ist übrigens eine uralte Kulturpflanze, die schon vor fünftausend Jahren in Ägypten angebaut wurde. Auch im Aberglauben hat sie ihren Niederschlag gefunden. So soll man am Gründonnerstag und Karfreitag Linsen essen, dann geht das ganze Jahr das Geld nicht aus.

DIE ZIGEUNER

Wenn die ältere Generation, die zwischen 1930 und 1950 geboren wurde, an das »fahrende Volk« denkt, tauchen automatisch die Bilder von den »Zigeunerkarren« auf. Meist wurden die Wagen von einer Großfamilie begleitet, denn eine zahlreiche Kinderschar war wohl der einzige Reichtum dieser fremdartig wirkenden Menschen.

Die meisten Zigeuner waren große Pferdefreunde. Nicht nur die zwei Zugpferde lagen ihnen am Herzen, sondern manch eine Zigeunersippe war auch im Pferdehandel tätig.

Doch waren sie nicht in jedem Dorf gern gesehen, viele Menschen standen ihnen von vornherein misstrauisch gegenüber. Ihre fremde Kleidung und Sprache sowie ihr Wissen über Pferdekrankheiten und das Handlesen vermittelten ihrer Umgebung etwas Mysteriöses. Aber woher kamen diese Fremden? Nun, Sprachforscher haben herausgefunden, dass die Zigeuner aus Ostindien stammen sollen. Ihre Auswanderung dürfte auf das 10. oder 11. Jahrhundert zu datieren sein. Ihre jahrhundertelange Wanderung führte sie über den Iran und Armenien nach Byzanz. Ein Großteil überschritt dort den Hellespont und erreichte so

Europa. Griechenland ist als die Urheimat aller europäischen Zigeuner anzusehen. Nicht umsonst finden wir viele griechische Lehnwörter in ihrer Sprache. Als 1415 die Walachei zum Tributstaat des Sultans wurde, begann die große Westwanderung. Damit erklärt sich auch ihr relativ spätes Auftauchen (1416) in unseren Landen.

Die Menschen im Spätmittelalter rechneten die Zigeuner anfangs zu den Pilgern und Wallfahrern, die ja zum damaligen Alltag gehörten und begegneten ihnen daher mit Wohlwollen. Die Zigeuner ihrerseits passten sich mit ihren selbstverliehenen Adelstiteln dem Denken und Handeln des christlichen Abendlandes an und gaben sich als Glaubensflüchtlinge aus.

Doch bald begannen die Zigeunerverfolgungen, die sich ähnlich den Judenpogromen über Jahrhunderte beobachten lassen. Ihren grauenvollen Höhepunkt erreichten sie unter den Nationalsozialisten, als hunderttausende ihr Leben verloren. Die jungen, arbeitsfähigen Zigeuner wurden meist zwangssterilisiert und in der Rüstungsindustrie eingesetzt.

Ihr ausgeprägtes Stammesbewusstsein, ihre Abgrenzung und die Ausgrenzung durch die Restbevölkerung sowie die eigene Sprache, das »Romani«, machten die Diskriminierung damals leicht. So durften Zigeunerkinder keine deutsche Schule mehr besuchen. Es war ihnen auch verboten, Pferde, Hühner und Hasen zu halten.

Zum Glück gab es auch in dieser Zeit Menschen, die das Herz am rechten Fleck hatten und den Zigeunern weiterhalfen. Ansonsten zogen sie als Hausierer und Bettler durchs Land und bekamen fürs Wahrsagen und Kartenlegen von den Bauersfrauen hie und da ein paar Kartoffeln, ein Ei oder ein wenig Mehl. Ich erinnere mich noch an die Hamsterer und Hausierer, die nach 1945 besonders am Wochenende verstärkt durchs Dorf zogen und von meiner Tante in Altheim immer eine Kleinigkeit bekamen und wenn es nur ein Ei war. Sie dankten es mit einem »Vergelts Gott« – meine Tante entgegnete darauf »Segnes Gott«. Ein Ei war nach dem letzten Krieg fast eine Rarität. Dass Zigeuner besonders musi-

Wahrsagerinnen und Kartenlegerinnen waren häufi zu Gast in den Bauernstuben.

kalische Menschen sind, weiß jeder, der einmal in Ungarn das Vergnügen hatte, einer Zigeunerkapelle zu lauschen. Besonders begabte und musikalische Männer stellten auch selbst Geigen und Gitarren her. Abends spielten sie nicht selten bei Veranstaltungen zum Tanz auf, um ihre Reisekasse etwas aufzufüllen.

Eine andere Gruppe hatte sich aufs Kasperltheater spezialisiert und erfreute die Dorfjugend im Nebenzimmer einer Gaststätte. Die handgeschnitzten Puppen kamen aus einer Werkstatt in Thüringen, die auch die bekannten Wohnwagen baute.

Natürlich waren die Wagen für die Großfamilie viel zu klein und so schliefen die großen Kinder auf einer Lage Stroh unterm Wagen, wo auch manche von ihnen das Licht der Welt erblickt hatten. In kälteren Jahreszeiten ließ sie der eine oder andere Bauer

Das nomadisierende Leben der meist kinderreichen Zigeunerfamilien, die in Planwagen umherzogen, war kein Idyll. Außer ihren Pferden, die der ganze Stolz der Familien waren, hatten sie kaum Besitz.

auch im Stall übernachten. Bei einer Niederkunft wurde dann die Mutter samt Kind zum Rathaus gefahren, wo sich im Erdgeschoss meistens ein kleines Zimmer befand, das sonst als Gefängnis diente und das man im Winter auch heizen konnte. Hier erlebte der neue Erdenbürger seine ersten Tage.

Wenn sie weiterzogen, legten sie für die Nachfolger Zeichen aus, wohin und wann sie ihr Lager verlegt hatten. Zum Beispiel zeigten vorn an der Spitze abgeknickte dünne Stecken an, in welche Richtung sie gezogen waren. Zehn Reiser bedeuteten, dass sie zehn Kilometer weiter ihr neues Lager aufschlugen.

Die Geheim- oder auch Gaunersprache hat sich im Lauf der Jahrhunderte entwickelt. Denn obwohl die Hausierer und das fahrende Volk einzeln oder in Gruppen im Land herum reisten, kommunizierten sie lebhaft miteinander. Botschaften, Hinweise und sonstige Nachrichten wurden in Geheimzeichen, den Gaunerzinken, verschlüsselt und waren so für Uneingeweihte ein Buch mit sieben Siegeln. Es war eine Art Postdienst für die Menschen, die von Dorf zu Dorf zogen. Die Nachrichten warteten quasi postlagernd auf die Nachfolger. Man fand sie an Kapellen, Wegweisern, Zäunen, Bauernhäusern, Stadeln und Kirchen. Jedes Land brachte seine eigene Geheimsprache hervor, die eine Art Schutzfunktion hatte.

Ein paar Beispiele sollen zeigen, wie humorvoll und kreativ sich die Sprache entwickelte:

Der schlimmste Feind ist in uns selbst –
Der protzigste Nocker hockt in uns kocker

Sich die Beine in den Bauch stehen –
Sich die Stecken in den Speisfang höcken

Etwas durch die Blume sagen –
Ebbes durch d' Luludern schnudern

Sich ins Fäustchen lachen –
Sich in d' Knollen schmollen

Ohne Fleiß kein Preis –
Ohne Gstoß kein Moos

Eine Hand wäscht die andere –
Eine Pfote flattert die zwote

Wie dr Herr so's Gscherr –
Wie der Scheich so der Schleich

Lustig klingt auch die Speisekarte:

Bouillon mit Ei –
Herzjesusbrüh mit Gock

Schweinshaxe mit Knödel und Salat –
Schmunkvogeltritt mit Christenwürger und Schlei

Rahmbraten mit Spätzle und Champignonsoße –
Feimkrokodil mit Sperlchen und Trüschlingschlapp

Bratensülze –
Krüppelgallert

Gemischter Pressack –
Gemengelter Schwartenmichel

Rauchfleisch auf Holzteller mit Obstler –
Kaffergenebeltes auf Kracherrad mit Kügerlduft

Schüssel-Pastete vom Kiebitz –
Schottel-Schmierling vom Strandströmer

Eine Katze ist ein Menger, ein Igel ein Stupfl, ein Hund ein Tschuggl und alle waren in schlechten Zeiten willkommende Gäste in der Bratenkachel. Bedenkt man, dass ein Hundeschmorbraten in Südchina als Delikatesse gilt, war die Wahl gar nicht so schlecht.

Verbürgt ist auch, dass die Kranken mit Hundefett, innerlich und äußerlich, behandelt wurden. Als ein besonderer Leckerbissen galt ein Igel, der dick mit Lehm bepackt im Feuer gegart wurde. Er soll sehr zart und äußerst schmackhaft munden.

Wie hot sell Knecht gsait:
»s' isch bloß bis mers gwöhnt isch.«

Der oft recht magere Magenfahrplan wurde nicht selten mit Beeren, Pilzen und bei Nacht gefischten Forellen aufgebessert. Die jungen Burschen kletterten auch mit einfachen Steigeisen auf hohe Bäume, um Nester zu räubern. So wanderten manche junge Krähe, Ringeltauben und kleinere Singvögel in den Kochtopf. Es soll ihnen gegönnt sein. Lang, lang ist's her. Heute wohnen die Sinti und Roma in festen Häusern und fahren mit bequemen Wohnwagen durch die Lande.

DIE LANDJUDEN

Zu den Hausierern und reisenden Händlern gehören natürlich auch die Landjuden. Aller Wahrscheinlichkeit nach waren ihre Vorfahren 70 n. Chr. aus Palästina nach Südeuropa verbannt worden. In der Endphase der Römerherrschaft wanderte ein Teil der Juden aus Frankreich und Italien nach Norden und siedelte sich dort entlang der großen Flüsse an. Sie lebten in einer unsicheren Zeit. Die Papstkirche predigte, dass die Juden Jesus als Messias abgelehnt und damit seinen Tod am Kreuz verschuldet hätten. Dadurch seien sie verurteilt, auf Erden ein untergeordnetes Leben zu führen. Somit glaubten die Christen, die Juden wären nur geduldete Fremde und als Feinde des Christentums dazu verdammt, bis zum Tag des jüngsten Gerichts durch die Welt zu ziehen.

Den Juden war es untersagt, Handwerksberufe auszuüben. Sie durften nur als Pfandleiher oder Geldverleiher arbeiten, weil diese Berufe den Christen verboten waren. Damit sie von jedermann gleich zu erkennen waren, verfügte Papst Innozenz beim Vierten Laterankonzil von 1215, dass die Juden ein gelbes Abzeichen oder spitze Hüte zu tragen hatten.

Vor allem in der Neuzeit, etwa seit dem 16. Jahrhundert, gingen manche Landesherren verstärkt dazu über, Juden in ihrer Herrschaft anzusiedeln, um ihr strapaziertes Geldsäckel aufzubessern. Ein solches Dorf war Buttenhausen auf der Alb, auf das wir später noch näher eingehen werden. Sie erhielten dabei den Status von »Schutzjuden«. Gegen eine Zulassungsgebühr und ein jährliches Schutzgeld bekamen sie ihren Schutzbrief ausgehändigt, der allerdings nach dem Tod des Ehemanns die Witwe und die Kinder oft nicht mehr schützte.

Die Juden waren Tuch- und Woll-, Getreide-, Vieh-, Hopfen-, Leder- und Federhändler. Manche konnten sich einen eigenen Pferdewagen leisten, die ärmeren Hausierer schleppten ihre Ware, wie allgemein üblich, auf dem Rücken zu ihren Kunden. Die Juden waren auch nach der Lockerung der Kleidervorschrift an ihren langen Bärten und ihrer städtischen Kleidung gut zu erkennen. Unterwegs war es für sie schwer, koschere Nahrung zu erhalten. In den Gasthäusern erhielten sie einen Metalltopf, in den meistens ein »K« für koscher eingeritzt war. Für Christen war dies ein Zeichen, diesen Topf nicht zu verwenden. Sie bereiteten in den genannten Töpfen Kartoffeln und mitgeführtes Rauchfleisch zu. Die Christen bezeichneten die hausierenden Juden als »Schacherjuden«. Das Wort »Schacher« kommt aus dem Hebräischen und bedeutet soviel wie Schwarzhandel oder Geschäfte unter der Hand. Jüdische Bettler und Wanderer wurden als »Schnorrer« tituliert, um die sich aber meist die örtliche jüdische Gemeinde kümmerte.

Brauchte ein Kleinbauer eine Kuh, hatte aber kein Geld, um eine zu kaufen, so konnte er beim Juden eine pachten. Dieser blieb dann weiterhin der Eigentümer. Die Milch und den Mist bekam der Bauer. Die Kälber und der Verkaufserlös der Kuh gingen an den Eigentümer. Wobei der Bauer manchmal einen kleinen Teil abbekam.

Die Kleinbauern zahlten bis zu einem Drittel Pacht und Steuer aus ihrer Getreideernte an den jeweiligen Lehensherren, was sie des Öfteren in Geldschwierigkeiten brachte. Da konnte nur noch der jüdische Geldverleiher helfen, was oft in eine immer größere Abhängigkeit führte. Da christliche Bauern und Handwerker ihren Lebensunterhalt mit harter körperlicher Arbeit erwarben, sahen sie oft neidisch auf die Juden, die ihr Geld mit Reden und Handeln verdienten. Da es den Juden verboten war, Land zu besitzen, konnten sie bei einer Versteigerung, auch wenn es um ihre Ansprüche ging, nie Land aufkaufen. Nach langem Hin und Her wurde es gestattet, dass sie Land erwerben durften, wenn kein anderer Käufer auftrat. So spezialisierten sie sich mit der Zeit auf die Tätigkeit von Landvermittlern und Grundstückshändlern.

Anfang 1819 kam es dann in der Universitätsstadt Würzburg zu neuerlichen gewalttätigen Krawallen gegen Juden. Ein Professor, der sich für die Juden einsetzte, wurde mit dem Ruf »Hep-Hep!« aus dem Gebäude gejagt. Die Studenten, gefolgt von anderen Bürgern, brachen daraufhin in Kaufläden und Wohnungen der Juden ein und plünderten. Der Mob war nicht mehr zu bremsen und tötete mehrere Juden. Unter dem Schutz der Soldaten konnten sich die Juden in Sicherheit bringen. Die Krawalle erfassten auch andere Städte und Dörfer. »Hep, Hep«, der Schrei eines Ziegenbocks, stellte eine Verbindung mit dem Bild des bärtigen Juden her, denn »Hep« war auch der umgangssprachliche Ausdruck für »Jude-Hebräer«.

Die jüdischen Kleinhändler und Hausierer nannten sich bei ihrem Vornamen, gefolgt von dem ihres Vaters wie zum Beispiel Salomon Leopold. Die Regierung von Württemberg erließ ein Gesetz, um die Juden zur Annahme von Familiennamen, soweit nicht schon geschehen, zu zwingen. Ein ungeschriebenes Gesetz besagte allerdings, dass die Juden keine »christlichen Familiennamen« annehmen durften. Neue Familiennamen durften nur mit der Genehmigung des Oberamts angenommen werden und wurden dann in der lokalen Presse bekannt gegeben. Manche neue Namen waren von den alten Sippen Israels abgeleitet. Andere bezogen sich auf Vornamen, Berufe, Orte oder waren einfach nur poetische Beschreibungen. Zu den neuen Auflagen gehörte auch die Verwendung des deutschen Kalenders. Auch sah man es nicht gern, dass Juden an Sonn- und Feiertagen ihren Handelsgeschäften nachgingen. Die oft armen Landjuden standen den wohlhabenden »Hofjuden« in der Stadt gegenüber, deren Vermögen und Einfluss zunahm.

Selbstbewusste Viehhändler um 1900: die Langenauer Ferdinand und Gottlob Waldenmaier (rechts u. links sitzend), »Schuhmärte« Martin Nusser (mit Zylinder) und vermutlich der jüdische Viehhändler Harburger aus Ichenhausen.

Im Vergleich zu anderen Ländern hatte das Königreich Württemberg im 19. Jahrhundert den größten jüdischen Bevölkerungsanteil. Davon lebten allein 53 Prozent auf dem Land. Siebzig bis achtzig Prozent der Juden verdienten ihren Lebensunterhalt als Klein- und Schacherhändler.

Der Cannstatter Pferdemarkt war ein wichtiger Umschlagplatz für die Händler des Landes. Zum Beispiel deckten dort jüdische Pferdehändler aus Buttenhausen, hier um 1925 mit ihren Knechten, ihren Bedarf an schweren Zugpferden für den Ackerbau.

Der so genannte Schacherhandel war der Regierung ein Dorn im Auge und besondere Auflagen sollten ihn unterbinden. Gewöhnlich heiratete ein Jude, genauso wie ein christlicher Erwachsener, mit ungefähr dreißig Jahren. Dieser relativ späte Termin hing mit den allgemeinen Heiratsvorschriften in Württemberg zusammen, die unter anderem ein ausreichendes Vermögen vorschrieben. Einem Schacherjuden wurde die Heirat aber erst mit 35 Jahren erlaubt. Die allgemeinen Auflagen, deren Schilderung hier zu weit führen würde, bewirkten, dass der Schacherhandel 1828 von 2.600 auf 858 gefallen war. Dies trug dazu bei, dass die Juden verstärkt nach Amerika auswanderten. Ein weiterer Grund war auch, dass den Juden noch lange Zeit die Bürgerrechte vorenthalten wurden. Denn nur als Bürger kam man auch in den Genuss der Nutzung des kommunalen Weidelandes und Waldes. Doch all der Druck konnte die Juden nicht bewegen, zum Christentum überzutreten, geschweige denn ihren Sabbat, Nahrungsrituale, Feiertage, Sprache oder Erscheinungsbild zu ändern.

Viele nichtjüdische Geschäfte missgönnten den im Handel erfahrenen Juden ihren Erfolg und behinderten sie nach allen Regeln der Kunst. So verbot die Stadt Heilbronn den Handelsjuden, die Stadt zu betreten. Viehhandel war ihnen zeitweise nur noch an ihrem Wohnort erlaubt. Auch hier hieß es, »wo ein Wille ist, da ist auch ein Weg« und die Juden kannten notgedrungen viele davon.

Am 27. November 1848 wurde in Frankfurt die neue Bundesverfassung verabschiedet, die alle Juden endgültig vor Diskriminierung schützen sollte. Sie durften auch zum ersten Mal wählen und sich wählen lassen. Aber schon 1851 endete die große Freiheit, als beispielsweise in Württemberg die Gesetze zu den Grundrechten wieder aufgehoben wurden. Die Juden unterlagen wieder den Gesetzen von 1828, die sie jahrelang bekämpft hatten. Viele Juden entschlossen sich daher, auszuwandern. Wegen der großen Nachfrage verdoppelte sich der Preis für die Überfahrt. Die Reise nach Amerika dauerte auf einem Segler oft 24 bis 40 Tage. Wer es sich leisten konnte, buchte auf einem Dampfschiff, das dieselbe Strecke in rund zwei Wochen schaffte.

Doch machen wir nun einen Ausflug in die Albgemeinde Buttenhausen, in der sich 1787 die ersten Juden niedergelassen haben. Aber wie ist es denn dazu gekommen? Der Freiherr Philipp von Liebenstein kam 1783 in den Besitz des Dorfes im Lautertal. Dem Zeitgeist entsprechend versuchte er wie andere Regenten, zum Beispiel in Lützenhardt, Wildenstein-Matzenbach oder Mühringen, Minderheiten anzusiedeln. In diesem Fall waren es Juden, die der Freiherr durch den in Aussicht gestellten Schutzbrief zur Ansiedlung auf die Alb brachte. Doch das benachbarte württembergische Oberamt Münsingen war darüber überhaupt nicht erbaut und sperrte nach einem Streit mit dem Juden Bernheimer das Oberamt für alle Juden. Es fielen böse Worte. Die Juden wurden als Lumpen bezeichnet, die bei Nacht und Nebel mit Pferden durchs Land reiten würden, um so keinen Kreuzer Geleitgeld bezahlen zu müssen. Aber da waren die Münsinger an

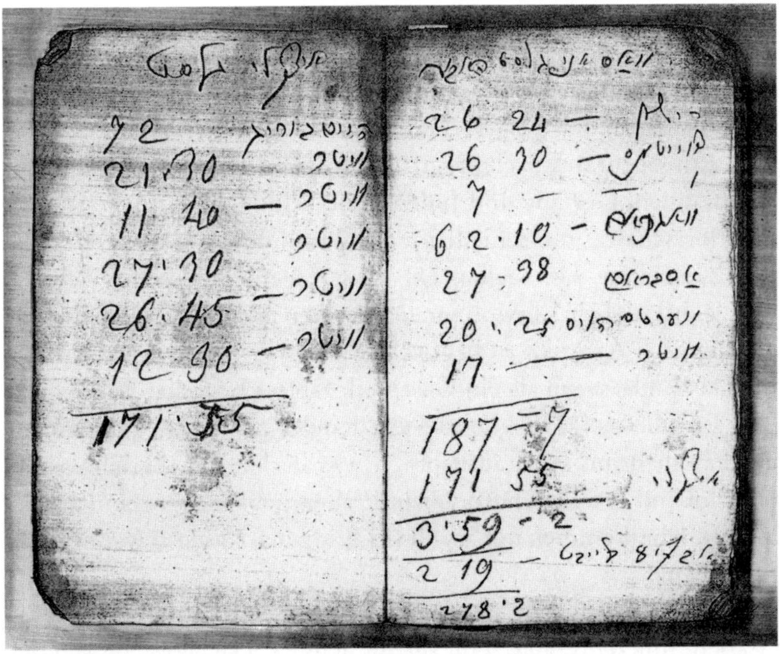

Selbst kleine Händler führten genau Buch über ihre Einnahmen und Ausgaben, wie dieses aus dem 19. Jahrhundert überlieferte Notizbuch des jüdischen Wanderhändlers Samuel Frank (1793-1859) aus Buttenhausen zeigt.

die falsche Adresse geraten, denn der Freiherr setzte sich für seine Juden ein und wandte sich mit Erfolg an die Regierung in Stuttgart.

Der jüdische Handel war übrigens frei von Abgaben. Mit Ausnahme von Holz und Wildobst, auf das jedes Gemeindemitglied ein Recht hatte, wurden die Juden den anderen Bewohnern gleichgestellt. Da sie aber keine Frondienste und Quartierleistungen erbringen konnten, mussten sie jährlich eine Abgabe von einem Gulden an das Bürgermeisteramt entrichten. Es war die einzige Abgabe, die nicht in das Geldsäckel des Freiherrn floss.

Als im Jahr 1805 der Ort zu Württemberg kam, wurde der Zuzug drastisch gekürzt. Selbst die Kinder der Zuwanderer mussten jahrelang auf einen Schutzbrief bzw. eine Heiratserlaubnis warten.

Begründung: Die Gemeinde sei überbesetzt und eine Vergrößerung würde ihren eigenen Handel beeinträchtigen.

Beim Zuzug einer Frau mit reichlich Mitgift war der Schutzbrief relativ schnell ausgestellt. Die Juden waren verpflichtet, jedes Jahr ein »accurates Seelenregister« aufzustellen, wobei zwischen Schutzjuden, Gesinde und Juden ohne Schutz, aber mit Erlaubnis der Herrschaft, unterschieden wurde. Im Jahr 1870 hatte die jüdische Gemeinde 442 Seelen. Die Gesamtgemeinde belief sich auf über achthundert Einwohner. Auch hier ist die starke Auswanderung nach Amerika zu beobachten.

Da Kindersegen als ein Geschenk Gottes bewertet wurde, war jede Familie stolz, möglichst viele Kinder zu haben. Zudem war der Familiensinn stark ausgeprägt, was in den Pfarrberichten oftmals lobend erwähnt wird. Viele Frauen gebaren manchmal zwei Mal im Jahr. Familien mit zwölf bis fünfzehn Kindern waren keine Seltenheit.

Die Aufnahme in den Schutz kostete in Buttenhausen 25 Gulden, fünfzehn oder zehn für die Kinder. Das jährliche Schutzgeld belief sich auf zwölf, für eine Witwe auf sechs Gulden. Die Schlachtgebühr betrug fünfzehn Kreuzer oder die Zunge des Tieres. Von den Getränken zahlten sie so viel wie die Christen, nämlich von der ausgeschenkten Maß zwanzig Kreuzer. Eine Beerdigung kostete ein bis zwei Gulden. Nur das Luftholen war steuerfrei.

Ab 1812 gingen alle Steuern an die Gemeinde bzw. den Staat. Zum Handel zogen die Juden am Sonntagmorgen hinaus aufs Land, bis die Ware verkauft war oder die Rückkehr drängte, weil man am Freitagabend zum Sabbatanfang wieder zu Hause sein musste. Wohlhabende Händler waren oft Wochen und Monate unterwegs und besuchten die Märkte in allen süddeutschen und bayrischen Städten. Andere zogen bis nach Ungarn, um Vieh aufzukaufen oder nach Tirol und Österreich. Manche kamen nur einmal im Jahr nach Hause, um ihre Papiere erneuern zu lassen.

Im Jahr 1829/30 hatten die Juden mit einem Betrag von 21.800 Gulden fast die Hälfte der Gebäude im Ort in Besitz. Das waren immerhin 46 Häuser. Laut Schutzbrief war es den Juden verboten, liegende Güter zu erwerben, außer sie fielen ihnen durch Gant (Konkurs) zu. Und dann durften sie sie auch nicht länger als sechs Jahre behalten. Aber ab 1807 war der Erwerb von Gütern grundsätzlich frei. 1811 wurde festgelegt, dass die Güter nur zum Bebauen gekauft werden durften. Man wollte die Juden sesshaft

Die Bernheimersche Realschule in Buttenhausen, heute Museum zur jüdischen Geschichte des Ortes, geht auf eine großzügige Stiftung eines jüdischen Bürgers zurück.

machen und sie von dem »schädlichen Schacherhandel« abbringen. Aber die Juden, jahrhundertelang ans Handeln gewöhnt, konnten oder wollten sich nicht so schnell umstellen, wie es der Regierung lieb gewesen wäre. Auch war ihnen wohl bewusst, dass die Landwirtschaft ein hartes Brot war und nicht so viel abwarf wie der Handel. Zudem benötigte man zur Landwirtschaft am Anfang viel Geld, beim Hausieren und Handeln dagegen konnte man mit geliehener Ware beginnen. Wenn Juden doch einen kleinen Hof erwarben, ließen sie ihn meist bewirtschaften und benützten ihn zum Unterstellen von gehandeltem Vieh.

Der Vieh- und Pferdehandel wurde in Buttenhausen besonders gepflegt. So kam es, dass hier bis ins 19. Jahrhundert größere Märkte stattfanden, zu welchen aus nah und fern die Landbevölkerung strömte. Neben Vieh wurde alles angeboten, angefangen von Stoffen bis zu sonstigen Kleinwaren, sodass auch die Bäuerinnen ihren Bedarf decken konnten. Viele der wohlhabenden Juden wanderten während der Industrialisierung in die großen Städte ab und bedienten sich der ärmeren Verwandtschaft für den Reisehandel. Als einmal ein armer Händler von seinem reichen Verwandten wegen seiner einfachen, abgetragenen Kleidung gehänselt wurde, soll er gesagt haben »dafür habe ich wenigstens nur ehrliche Kreuzer in meiner Tasche«.

In Buttenhausen selbst scheinen die Juden ihre christlichen Mitbürger nie übervorteilt zu haben. Ein Pfarrbericht von 1870 stellte allerdings fest, dass die Juden nur christliche Dienstmägde einstellten und die Bauern ruinieren würden. Schlimm sei es auch, dass die Judenkinder immer Geld hätten. Nun, Neider hat es zu allen Zeiten gegeben.

An dieser Stelle sei die Bernheimersche Stiftung erwähnt, mit der in Buttenhausen eine vierstufige Schule erbaut und unterhalten wurde. Sie war für alle Kinder, egal welcher Konfession, unentgeltlich offen. Ferner stifteten die Juden eine Gemeindebibliothek, die erste elektrische Dorfbeleuchtung und die Kirchenuhr. Trotzdem waren gesellschaftliche Gemeinsamkeiten zwischen Juden und

Christen meist die Ausnahme. Die konservative Einstellung der Bauern und die Traditionen der Landjuden verhinderten nähere Kontakte.

Am 9. November 1938 brannten in ganz Deutschland die Synagogen. Die perfide Propaganda der Nazis hatte ihr Ziel erreicht. Die Juden sowie Sinti und Roma wurden als »Schädlinge am Volkskörper« gebrandmarkt. Der nun folgende Holocaust zog eine Furche des Schreckens in die Geschichte des 20. Jahrhunderts.

DIE HAFNER

So wie sich die Zeiten ändern, ändert sich auch die Sprache. Was früher ein Lehrling war, ist heute ein Azubi, eine Putzfrau ist eine Raumpflegerin, ein Bauer ein Landwirt und ein Hafner nun ein Töpfer. Dass dieser uralte Berufszweig bis heute überlebt hat, ist erstaunlich. Viele alte Handwerksberufe wie der des Sattlers, Wagners, Schmieds oder des Küfers sind so gut wie ausgestorben. Einzelne Hafner haben den Lauf der Zeit erkannt und sind vom reinen Gebrauchsgeschirr zur Herstellung von Geschenkartikeln wie Blumenvasen, Kerzenständern, künstlerisch gestalteten Tellern und Kaffeetassen übergegangen. Neue Ideen waren und sind gefragt. So spezialisierte sich ein Töpfer auf die Herstellung von ausgefallenen Nachttöpfen, die, mit urigen und lustigen Sprüchen versehen, zum Verkaufsrenner wurden.

Hier eine kleine Auswahl der sinnigen Sprüche:

- *Auf am Botschamber bene gsessa, de halb Nacht, bis's endlich donnert hot ond kracht.*

- *A bsondrer Duft kitzelt mei Nas, 's Häfale isch halt doch koi Blomavas.*

- *Jetzt ganga mr zom Biesala, genussvoll duad's dann riesala.*

- *I deahn fei jedam Menscha gleich, ganz oinerloi ob arm, ob reich.*

- *Hier werrat gsammelt, vom Ma ond dr Frau, Liebesgaba fir da Ackerbau. Drom druckat ond dränglat mit aller Kraft, zom Sega dr notleidenda Landwirtschaft.*

- *Behandlat mi guat, des isch fei gscheiter, denn was i seh, erzähl i au ed weiter.*

- *Bscheida schtoht 'r onderm Bett, bewahrt da Mensch vor manchem Gfrett.*

Wieder ein anderer kreativer Töpfer kam auf die Idee, die einfachen Küchenschüsseln, in denen früher der Spätzlesteig geschlagen wurde oder in denen die Milch zu Sauermilch reifte, mit netten Versen aus dem Alltag zu schmücken.

Hier eine kleine Auswahl:

Auf dr Mischde kräht dr Hahn,
's Weib isch dr Herr ond net dr Ma.

Schweines Floisch mitsamt dr Haut,
isch mr liabr wia des Kraut.

Onsr Magd, dia ka guat kocha,
sui isst 's Floisch, ons gibt se d' Knocha.

Wenn dr Ma isch no so fleißig
ond sei Weib isch liederlich,
so got älles hinterlich.

I ben jong, mei Ma isch alt,
i ben warm ond er isch kalt.

Ich bin ein Vogel aller Ding,
wes Brot ich eß, des Lied ich sing.

In meiner Kindheit, die ich zum größten Teil auf der Alb verbrachte, gab es in Münsingen einen besonders kreativen Töpfer, nämlich den Hafnermeister Götz, der bekannt war für seine herrlich verzierten Schüsseln und das von uns ganz besonders geschätzte Küchengeschirr für die Puppenküche, das er extra für Weihnachten anfertigte. Überhaupt war Münsingen in den letzten Jahrhunderten ein Zentrum der Hafnerzunft. So gab es im 18. Jahrhundert noch 27 Hafnermeister, die einen Großteil der Alb mit Geschirr versorgten. Ein gutes Zubrot waren die Herstellung von glasierten Dachziegeln für die Kirchtürme und natürlich die grün oder braun gefärbten Kacheln für die gemütlichen und in keinem guten Bauernhaus fehlenden Kachelöfen.

Die Brennöfen der Hafner waren eine permanente Feuergefahr für den Ort, sodass sie per Gesetz an den Stadtrand gedrängt wurden. Ein Gesetz von 1808 verbot dann endgültig das Betreiben von Brennöfen innerhalb der Stadtmauern.

Selten hatte ein Hafner einen Ofen allein. In den meisten Fällen betrieben drei bis vier Hafner gemeinsam einen Ofen. Ein Brand enthielt zwanzig bis vierzig Stück Tongeschirr, also Milchhäfen, Schüsseln in allen Größen, Brat- und Backpfannen, im Dialekt spricht man hier von einem »Kährle«, weiter gab es noch Krüge, Essighäfen, Seiher, kleine Häfele und Töpfe.

Die Ornamente wurden des Öfteren von den Frauen gestaltet, die sich, wie überliefert, recht rege bei der Hafnerarbeit beteiligten. So durfte die Witwe eines Hafners Namens Freytag im Jahr 1707 den Betrieb selbstständig weiterführen.

Eine Töpfergemeinde konnte nur dort entstehen, wo genügend Ton gefunden wurde und ausreichend große Brennholzvorräte vorhanden waren. Ein solches Töpferdorf war auch Neuenhaus bei Nürtingen, ungefähr 25 Kilometer südlich von Stuttgart gelegen. Noch heute sprechen ältere Einwohner von »Häfner-Neuenhaus«.

Die Neuenhäuser Töpfer stellten noch 1878 mit 78 Meistern zwei Drittel der Bürgerschaft des kleinen Ortes. Im Hausierhandel vertrieben sie ihre Ware im weiten Umkreis. Erst 1950 wurde die Hafnergenossenschaft aufgelöst.

Am Ende des 19. Jahrhunderts waren hier noch vierzig Hafnermeister tätig. Von ihnen arbeiteten vier bis fünf Meister mit einer bis zwei Hilfskräften. Die Hälfte der Hafner betrieb als Nebenerwerb eine kleine Landwirtschaft.

In Neuenhaus zählte man etwa 75 Geschirrhausierer, die versuchten, draußen im Lande die Ware zu verkaufen. Meist waren es übrigens die Frauen der Töpfer, die auch von fremden Hafnern Ware vertrieben. Wenn das Geschirr ausging oder neu gebrannt wurde, handelten sie in der Zwischenzeit mit Wolle, Wachs, Schuhwichse, Zündhölzern, Wachholderbeeren und Kienholz.

Die Armut vor dem Ersten Weltkrieg war schuld daran, dass die Bauern aus den Nachbardörfern die »Häfner« als Menschen niederer Herkunft ansahen. Wer es sich leisten konnte, mietete sich ein Fuhrwerk und fuhr direkt zum Dorfgasthaus, wo die Ware abgeladen wurde, um dann im Hausiergang von Haus zu Haus verkauft zu werden. Das Hafnergewerbe war um die Wende vom 19. zum 20. Jahrhundert so aussichtslos geworden, dass sich die meisten Leute, die im Hafnergewerbe tätig waren, nach einem anderen Erwerbszweig umsahen. Im Wettkampf mit den Fabriken hatten sie den Kürzeren gezogen. Die Neuenhäuser Frauen waren früher auf dem Tübinger »Töpferlesmarkt« gut bekannt. Das schlechter gearbeitete Geschirr, also die zweite Wahl, wurde gerne von den dortigen Studenten gekauft.

Das Hafnergeschirr war ab 1925 bei den Bauern nur noch wenig im Gebrauch. Es setzte sich immer mehr das Steingut- oder Emaillegeschirr durch. Auch auf dem Gebiet der Milchhafenware gab es große Veränderungen. Noch bis um 1900 wurden in jedem Bauernhaus zum »Aufstellen« der Milch 100 bis 200 Milchhäfen benötigt. Nach der Einführung der Molkereigenossenschaften wurde die Milch in Blechkannen gesammelt und abgeliefert. Es war eine weitere Umsatzeinbuße für die Töpfer und für die meisten das Ende ihrer selbstständigen Tätigkeit.

Der bekannteste Hafnerort in Baden war Kandern, das durch seine schön gearbeitete Ware über die Grenzen hinaus bekannt war. Die besonders gute Tonerde des Ortes lockte schon immer fremde Hafner an, die sich auch im Ort niederließen. So kamen neue Techniken und Verzierungselemente nach Kandern, die den guten Ruf der Töpferware begründeten. Das Kanderner Hafnergeschirr wurde bis nach Frankreich und in die Schweiz verkauft. Die Hafner dort galten als besonders geschäftstüchtig und aufgeschlossen, was man nicht von jedem dieser Handwerker behaupten konnte. So fertigten sie schon früh Töpferwaren in allen gewünschten Formen und Farben an. Der Verkauf stand aber auch hier im Vordergrund. Der Vertrieb oblag während des gesamten 19. Jahrhunderts den »Elsassträgern«, einer straff organisierten Vertriebscompagnie, die auf der Organisation der »Schwarzwälder Glasträger« basierte. Sie hatten von Straßburg bis Basel in jeder Stadt Niederlassungen.

Die Produkte der Hafner aus Neuenhaus waren handwerkliche Massenware. Hier ein Neuenhäuser Töpfer an der fußbetriebenen Drehscheibe.

Idyllisierende Darstellung des Töpferberufs aus einem Berufsfindungsbüchlein des 19. Jahrhunderts. Die Herstellung und vor allem der Verkauf der Töpfe und Schüsseln waren harte Arbeit.

Nachfolgend eine Aufstellung der württembergischen Hafnerwaren:

Sachgruppen der württembergischen Hafnerware

Geschirrbezeichnung	*Verwendung*	*Besonderheit*
1) Milchhafenware		
»Bockseckel« (1)	zum Aufstellen der Milch (damit sie gerinnt)	mit oder ohne Schnauze außen glasiert oder unglasiert)
Halbe (2), (3) (sog. »Mäßlich«)	dto.	Halbe Größe des »Bockseckels«

Geschirrbezeichnung	*Verwendung*	*Besonderheit*
Milchhafen (4, 5, 6)	dto.	Geradwandig oder gebaucht. Bei großen Häfen zwei gegenständige Henkel
Rutschhafen oder (7a) eingebundener Milchhafen (7b)	zum Kochen der Milch	mit 1 oder 2 Henkeln, Deckel sitzt rutschfest auf dem Knickbord
Abrahmschüssel (8) oder Abrahmhafen (9)	zum Entrahmen der Milch	knapp über dem Boden in der Gefäßwand ist ein Loch zum Ablassen der entrahmten Milch
»Luggeleskässeiher«(10) dicken Bestandteile der Sauermilch	zum Abseihen der	
Abseihhafen frisch gemolkenen Milch in die Gefäße	zum Abseihen der	ein Rohrhafentyp
2) Back- und Bratgeschirr Sauerkrauthafen (1) »Einbundhafen«		unteres Drittel mit Blech eingebunden, zum Schutz gegen die offene Flamme
Pfitzaufmodel (2, 3)	zum Backen des Pfitzaufs (schwäbisches Teiggebäck)	ein-, zwei-, vier- und sechsteilig
Gugelhupfform (4, 5) Saurüssel	zum Braten von kleinen Fleischportionen und Soßen	senkrecht halbierter Enghalskrug
Stielkächele	zum Backen	sehr flach. In den Stiel aus Ton wird ein Holzgriff gesteckt
Breikächele (6)		wie Stielkächele, nur mit drei Füßen

Geschirrbezeichnung	*Verwendung*	*Besonderheit*
Schmalzhafen		mit erhöhtem Bord,um dem Deckel sicheren Halt zu geben
Ganskachel (7)	zum Braten von Gänsen	mit rechteckigem oder ovalem Grundriss
Backschüssel (9)	zum Backen von Dampfnudeln etc. zum Dörren von Zwetschgen etc.	sehr flache Schüssel, die Außenseite des Gefäßbodens meist mit Blech eingebunden
3) Krüge		
Mostkrug		mit Spruch oder Jahreszahl
Suttekrug (Franken: Guttekrug, Unterland: Sutterkrug) (1, 2, 3, 4)	um den Most mit aufs Feld zu nehmen	
Feldflasche (5, 6)		runde, flache Behälter an einem Tragriemen getragen
Sauerwasserkrug (7)	zum Holen des Mineralwassers; zum Mitnehmen desselben aufs Feld	ähnlich dem Suttekrug (ein Enghalskrug). Aus einer zweiten kleinen Öffnung im hohlen Henkel kann die Kohlensäure entweichen
Essig- oder Ölkrug	zum Herstellen und Aufbewahren des Essigs	ein Standgefäß, meist zwei gegenständigen Henkeln. Im oberen Drittel ist ein Röhrenausguss angebracht. (Daher auch als Gießgefäß benutzt)
Schnapskrug		kleine Ausführung des Mostkrugs
4) Schüsseln		
Suppenschüssel		oft mit ohrenförmigen Henkeln

Geschirrbezeichnung	*Verwendung*	*Besonderheit*
Salatschüssel (1, 2, 3)	für grünen Salat	reich verziert mit großer Fahne
Ohrenschüsselchen (Tasse!)	zum »Kaffeeessen«	kleines Schüsselchen mit ohrenförmigen Henkeln
Teigschüssel		sehr groß mit kräftigen Henkeln (gegenständig)
Blutschüssel	zum Rühren des Blutes beim Schlachten	sehr groß
5) Platten		
Plättle	als »Teller« benutzt	Fahne aus technischen Gründen hochgezogen
Salatplatte (1, 2)	für Kartoffelsalat und grünen Salat	Form einer sehr flachen Schüssel
6) Bettgeschirr		
Nachthafen (1, 2)		klein, breiter Rand: für Kinder Groß, breiter Rand: für Kranke normale (heutige) Größe und gewöhnlichem Bord: für Erwachsene
Bettschüssel (3, 4)		zweierlei Formen
Bettflasche (5)		mit heißem Sand gefüllt und verkorkt

7) Sonstiges
Blumenampel, Einmachtopf (für Gurken etc.) Christbaumständer (gewöhnlicher Topf, zum Gebrauch mit Lehm gefüllt); Vogelfutternäpflein, Hasentrögle, Trinknäpfe fürs Federvieh, Kerzenkühler (für selbstgefertige Kerzen)

Auszug aus: Hafner und Hafnerhandwerk in Südwestdeutschland

Aber nicht nur Absatzsorgen, sondern auch die damalige überzogene Reglementierungswut der Regierung machten den Hafnern das Leben schwer.

Hier einige Auszüge aus den Ortsakten der Gemeinde Neuenhaus:

Die Akten der Hafnergemeinde Neuenhaus

1430
Die Grafen Ulrich und Ludwig von Württemberg erlauben den Meistern des Hafnerhandwerks, die im Umkreis bis zu 6 Meilen von Stuttgart entfernt wohnen, an einem Ort, der ihnen »füglich und gelegen« erscheint, einen Jahrtag zur Beratung über die Förderung der Handwerks abzuhalten.

Neuenhaus, 4.6.1597
Georg Braun, Jacob Stauch, Adam und Hans Märkh an die Regierung.
Die Märkte in der Stadt sind zu weit entlegen, um mit den Traglasten besucht werden zu können. Die Hafner fallen der Armenkasse zur Last, wenn sie nicht »Musmehl, Speck, Schnitz und Kraut« gegen Geschirr eintauschen. Die vier Hafner bitten, hausieren zu dürfen.

Nürtingen, 14.6.1597
Oberamt Nürtingen an die Regierung.
Die Neuenhauser »haben nur wenige kleine Äckerlein und arbeiten Tag und Nacht«. Da sie kein Zugvieh besitzen, müssen sie das Geschirr auf dem Rücken schleppen. Die Neuenhauser Töpfererde »ist weit und breit bekannt«. Deshalb sollen diese Hafner berücksichtigt werden, und man soll ihnen gestatten, Geschirr gegen Naturalien eintauschen zu dürfen, da die Bäuerinnen nicht wegen zwei oder drei Schüsseln auf den Markt in die Stadt gehen können.

Stuttgart, 22.6.1597
Die Regierung an die Gemeinde Neuenhaus.
Die Bitte der vier Hafner vom 14.6.1597 wird erfüllt. Sie dürfen »ihr Geschirr dort absetzen, wo sie es los bekommen«.
Sonst darf die Hafnerordnung nicht angetastet werden.

Stuttgart, 23.6.1597
Der Schultheiß der Stuttgarter Hafnerbruderschaft, Lienhardt Widmann an die Regierung.
Beschwerde über die jungen Neuenhauser Meister, die durch Hausieren eine Zerrüttung des Hafnerhandwerks herbeiführen. Die Hafner »bieten ihre Ware nach alter Gewohnheit in den Häusern und auf freien Plätzen vor den Rathäusern feil«. Wenn dies allgemein üblich wird, gehen die Frauen nicht mehr auf die Märkte, was eine Einbuße an Zoll bedeutet.

Stuttgart 27.9.1658
Herzog Eberhard an die Gemeinde Neuenhaus.
(Von den übrigen Zunftgenossen beunruhigt, wandten sich die Neuenhauser an den Herzog mit der Bitte, ihr Hausierprivileg zu erneuern). Anweisung an die benachbarten Oberämter, den Neuenhauser Hafnern zu gestatten, dass sie auch außerhalb der Markttage ihr Geschirr aufstellen und feilbieten dürfen. Die Neuenhauser bilden eine Ausnahme, da sie »schon seit langen Jahren ein Hausierprivileg« besitzen. Außerdem haben die Neuenhauser Hafner auf ihren Äckern starken Wildschaden, und Neuenhaus ist dazu mit anderen Orten nicht zu vergleichen, wo nur ein oder zwei Hafner arbeiten.

Nürtingen, 5.1.1708
Das Oberamt Nürtingen an die Regierung.
Der Nürtinger Vogt fordert das Verbot des Hausierens für die Neuenhauser »da die elf Hafnermeister der Stadt Nürtingen ein kärgliches Leben führen«.

Stuttgart, 23.2.1708
Die Regierung an das Oberamt Nürtingen.
Herzog Eberhard Ludwig bewilligt das Gesetz der Neuenhauser Hafner und bestätigt ihr Hausierprivileg.

Neuenhaus, 12.9.1710
Johannes Harrer an den Landesherrn.
Bitte, hausieren zu dürfen, unter Berufung auf den Erlass vom 27.9.1658. Dieser Bitte schließt sich die Hafnerschaft von Neuenhaus an. Harrer bittet außerdem, sein Geschirr, das wegen unerlaubten

Hausierens in Feuerbach beschlagnahmt wurde, wieder abholen zu dürfen.

Neuenhaus, 13.9.1710
Gemeinde Neuenhaus an die Regierung.
Neuenhaus »ist ein armer Flecken mit wenig Äckerlein, die viel Wildschaden erleiden«. Daher ist für die 3 Hafner die Hafnerei der einzige Erwerb. Bitte, das Hausierprivileg zu belassen.

Nürtingen, 30.10.1710
Oberamt Nürtingen an die Regierung.
Die 11 Nürtinger Hafner fordern, dass den Neuenhauser Hafnern das Hausieren in der Stadt Nürtingen verboten wird. Auch die Hafner in Rohr beklagen sich, dass die Filderorte zu stark von Neuenhauser Geschirrhausierern besucht werden.

Neuenhaus, 24.4.1711
Johannes Harrer an die Regierung.
Bitte des Johannes Harrer, ihm »das in Feuerbach sichergestellte Geschirr« wieder herauszugeben, da er sonst nicht weiß, wie er seine Familie von der Not retten soll.

Stuttgart, 23.1.1712
Die Regierung an das Oberamt Nürtingen.
Der Nürtinger Vogt erhält die Weisung, die Neuenhauser Gesuchsteller »zur Ruhe zu mahnen«, damit sie nicht immer die Regierung mit den der fürstlichen Ordnung »zuwiderlaufenden Bitten belästigen«.

Leonberg, 6.9.1738
Leonberger Hafner an den Herzog.
Den Neuenhauser Hafnern soll das Hausieren in »Stadt und Amt Leonberg« verboten werden. Dieser Bitte schließen sich auch die Stuttgarter Hafner an.

Neuenhaus, 24.9.1745
Neuenhauser Hafner an die Hafnerlade Stuttgart.
Die Neuenhauser Hafner beschließen, dass in Zukunft nur noch

Meistersöhne als Lehrlinge angenommen werden, um »die Überfüllung des Handwerks« zu verhindern.

Stuttgart, 2.8.1751
Hafnerzunft Stuttgart-Cannstatt an den Herzog.
Bitte, den Neuenhauser Geschirrhausierern »Einhalt zu gebieten, da sie die Hafner im ganzen Land ruinieren«.

Neuenhaus, 28.2.1784
Neuenhauser Hafnermeister an das Oberamt Nürtingen.
Die Hafner lehnen es ab, die beiden Söhne des Taglöhners Michael Eisele das Hafnerhandwerk zu lehren, weil ihr Vater kein Hafner ist.

Neuenhaus, 6.9.1844
Von der Gemeinde Neuenhaus wird die Brennholzgerechtigkeit mit 400 Morgen Wald abgelöst. Die Hafner dürfen weiterhin Erde an einem dafür bestimmten Platz graben. (Die Naturalabgabe als Entgelt für das Tongraben war schon 1819 in eine Geldabgabe von 40 Kreuzern umgewandelt worden).

Neuenhaus, 28.1.1845
Im Zunftvorstand sind neben dem Bürgermeister vier Hafnermeister.
Einer dieser Hafnermeister unterzeichnet mit drei Kreuzen.
Bemerkung: »Eißele ist Schreibens unfähig, daher mit Handzeiche. Sonst ist er außer dem Schreiben ein tüchtiger Haffner Meister.«

Eine besondere kreative Ader mussten die Hafner mitbringen, die sich auf »Ofenwandplättchen« spezialisiert hatten. Die gebrannten »Plättla«, also die Wandfliesen, die zum Schutz vor Feuersbrunst an den Fachwerkmauern angebracht wurden, sind ab 1725 bis um 1900 in allerlei Farb- und Bildmotiven sowie Versformen anzutreffen. Das Verbreitungsgebiet bewegt sich zwischen Pforzheim, Nagold, Tübingen und Stuttgart. Es ist Volkskunst im besten Sinne des Wortes. Über Persien ging die Fliesenkunst an arabische Länder über, aus denen sie nach Spanien kam. Um 1400 gelangte die spanisch-maurische Fliesenkunst über Mallorca (Majolika) nach Italien. Die schwäbischen Ofenplättchen hatten also eine lange Reise hinter sich, bis sie bei uns heimisch wurden. Verdanken dürfen wir sie wohl der herzoglichen Feuerverordnung von 1556, die zur Verhütung von Feuergefahr erlassen wurde. Während die ersten Plättchen nur Bildmotive hatten, kam später die Mode auf, allerlei sinnige und unsinnige Verse darauf zu produzieren. Die Ofenplattenherstellung verschwand mit dem Niedergang des Hafnergewerbes Anfang des 20. Jahrhunderts.

Interessant ist auch die Plättchenmalerei. Das Malhörnchen war ursprünglich ein an der Spitze durchbohrtes und mit einem Gänsefederkiel versehenes Kuhhorn. »Alle Menschen sind beschissen, die sich nicht zu helfen wissen«, sagte schon ein Hafnermeister im 17. Jahrhundert. Die Ofenwandverkleidung war zweifellos eine einmalige Bestellung, denn jede Wand trägt den Namen des Hausherrn und seiner Frau, meistens auch den Wohnort und die Jahreszahl. Die zahllosen Sprüche stammen aus verschiedenen Quellen. Teils sind es einfache Sprüche aus dem Volksmund oder sie kommen aus der Bibel und aus Liedern. Viele der Sprüche sind dialektgefärbt. Jeder Hafner hatte seinen eigenen Stil, bei dem einen sind sie mehr lustig, derb und frivol, beim nächsten mehr besinnlich, heiter oder fromm. Aber lassen wir sie doch einfach selbst zu Wort kommen:

Gott unser Schöpfer war der erste Töpfer.

Aus einer Wirtschaft:
Ich will gehen und tapfer saufen
und danach mein böswilliges Weib verkaufen.

Ein Fasnacht und ein Fröhlichkeit
Ein hibsches Weib ein schönes Kleid
Ein Acker und ein Pflug
Ein Weber und ein Krug
Durstige Leud und kühler Wein,
die sollten alzeit bey einander sein. 1767.

Der sein Gelt nicht kann lasen ligen
Der kauf Tauben so sieht erss fliegen.

Die Katz bast vor der Meisen Höhle
Gleich wie der Satan auf die Seelen.

Siehe es ist alles eitel
Wer kein Gelt hat braucht kein Beitel.

Ein reines Hertz und gut Gewissen
ein guter Trunck und guter Bissen
ein weiches Bett und schönes Weib
erfreuet einem Man das Hertz im Leib.
Joh. Widmann 1778

Lieben und nicht geniesen,
laden und nicht schiesen
das thut Jedermann verdriesen.
Joh. Widmann 1799

Die Wirth klagen in der Welt
Die beste Zecher haben kein Gelt
und trincken gern den besten Wein
das ist der Wirth ihr gröste Pein.

Wen die Weiber im Wirthshaus sizen,
trinken sie bis sie Thränen schwizen.
Mich. Dompert 1832

Ein Pfaff ohne Kutten,
ein Mädchen ohne Dutten,
ein Reiter ohne Pferd,
die 3 sind keinen Heller wert.

Die Beken sind die beste Leut,
sie können die Menschen laben,
sei das Brod auch noch so klein,
so muss man es doch haben.

Mein Mann der wär mir noch so lieb,
wenn er nur aus dem Wirtshaus blieb.

Es sind mer Kinder durch Essen verdorben
als Hunger gestorben.

Lieben und nicht geniesen,
das möchte einen Stein verdriesen.

1814.

Halte dich rein,
achte dich klein,
mache dich nicht so gemein,
sey gerne allein.

Ich will in Dorn und Distel baden
Als mit falschen Zungen sein beladen.

Hier ligt mein Weib, Gott seis gedangt,
denn sie hat offt mit mir gezangt.
Mein lieber Leser geh von hier,
sunst stedt sie auf
zangt auch mit dir.

Hürsch, Fleisch in Butter gebraden,
das will ich dir zum Friestick raden.
Nichts gesagt und viel gedacht,
hat offt die grösst Vergnügung gebracht.

Unsere Sau ist kurtz und dick
sie frist alle Augen blick.

Lieben in der Stil
Ist aller Jungfern will.

Allerschönste Dorothee,
sitzt im Bett und fangt die Flöh.

DIE WANDPLÄTTCHEN

Drei Hafnermeister zeichneten sich besonders aus: Jakob Widmann (1708-1793) in Heimsheim, Johann Stroh (1729–1801) in Dürrmenz und Christian Neubold (1813–1871) in Ölbronn. Zahlreiche Plättchen dieser Meister unterscheiden sich in Farbe, Form, Größe und in ihren Motiven. Die Hafner und der Töpfer verwendeten das gleiche Material, nämlich Ton. Dieser Ton ist eine Verbindung von Tonerde mit Kieselsäure, dem Eisen, Soda und Salz beigemengt wurden. Der Ton wurde gegraben, eingeweicht, wieder getrocknet (»Sommern«), dann eingesumpft (»Mauken«). Diese Masse wurde mit den Händen gewalkt, gewalzt und, um die Steinchen zu entfernen, mit der Sense in dünne Scheiben geschnitten. Nach dieser Vorarbeit formte der Handwerker das Material zu Würfeln, von denen er mit einem Draht dünne Plättchen herunterschnitt. Nach dem Trocknen an der Luft geschah das Anbringen des Ausgusses (der Engobe). Der Anguss bestand aus andersfarbiger Tonerde, zum Beispiel aus Rot- oder Weißerde. Auf die getrocknete Engobe wurde geschrieben oder gemalt; dazu verwendete man rote, braune oder weiße Tonsorten. Kobalt war zu teuer, deshalb findet man selten blaue Fliesen. Weitere Farben entstanden beim Brennen. Durch das Niederschlagen des Rauches (»schmauchen«) färbten sich die Stücke grünlich oder grau. Eine Mischung von Bleiglätte und Quarzsand ergab die Glasur. Die Temperatur im Brennofen lag bei 850 Grad Celsius.

Einige Sprüche auf den Plättchen von Johannes Stroh:

Liebes Vögelein flieg dahin
wo ich mit mein Gedanken bin.

Junge Weiber und altes Geld
liebt man auf der ganzen Welt.

Dem Has im weiten Feld
wird wacker nachgestellt.

Neid und Hassen
regiert in allen Gassen.

Liebes Vöglein nicht vergiss
tausend Mahl mein Schätzlein griss.

Die Magd die hat ein rothen Mund
stinkt aus dem Maul als wie ein Hund.

Ich bin gelofen über Berg und Tal
hab Untreu funden überall.

Und dies verdanken wir alles dem Ton, wobei der Ton im Schwäbischen mehr das Ohr erfreut als das Auge. Der Ton ist bei uns mehr der Lehm, der tief versteckt unter der Erde auf seine Entdeckung wartet.

Ein Spruch besagt: *»Dui hot koin Ton ond koin Anton«*.

Die Tonerde wurde früher oft entdeckt, wenn ein Bauer oder Handwerker im Garten einen Brunnen aushob und dabei auf eine Schicht Lehm stieß. Ist der Ton feucht, gut knetbar und hält auch noch gut zusammen, kommen wir der Sache schon näher. Den Ton muss man nun etwas anfeuchten, kneten, formen und über Nacht trocknen lassen. Treten dabei weiße Flecken auf, so enthält er Alkali und ist nicht zu gebrauchen. Wenn er dunkelbraun, schwärzlich und sehr klebrig ist, enthält er zu viel Erde und kommt auch nicht in Frage. Am besten formt man ihn zu einem dünnen Wulst, dann zu einem Kreis und wenn er dabei nicht bricht, hat er die richtige Beschaffenheit. Natürlich muss der Ton noch aufbereitet werden, was wir aber den Spezialisten überlassen.

Ausgrabungen belegen, dass schon 3.500 v. Chr. in Mesopotamien wesentliche Weiterentwicklungen der Töpfertechnik erkennbar sind. Am Anfang trat die handgeformte Ware zutage, bei späteren Funden die gewülsteten und nachgedrehten Gefäße, bei denen schon eine Töpferscheibe verwendet wurde. Die schon in vorchristlicher Zeit bekannten Töpferscheiben wurden mit der linken Hand angetrieben. Ein entscheidender Fortschritt in der Antike war die Erfindung der Fußtöpferscheibe durch die Griechen. Hier wird die Scheibe mit den Füßen angetrieben und der Töpfer hat beide Hände frei zur Dreharbeit.

Die Kolonisationsbewegungen der Griechen brachten die weiter entwickelte Technik nach Unteritalien, Spanien und an die Küste des Schwarzen Meeres. Im 5. Jahrhundert gelangte sie zu den Kelten und später auch nach England.

Das Töpfern von Hausgeschirr lag anfangs in den Händen der Frauen und Hörigen, die sie nur zum Hausgebrauch herstellten. In den Städten des Mittelalters gingen bald viele gewerbliche Hafner ihrem Handwerk nach. Waren genügend Handwerker eines Gewerbes in der Stadt tätig, war es aus mit der Gewerbefreiheit. Dafür sorgten die einzelnen Zünfte, die auch die Qualität des einzelnen Handwerkers prüften. Mit dem Pfusch am Bau bzw. auf der Töpferscheibe war damit Schluss.

Aus dem 12. Jahrhundert stammen die ersten Belege von Töpferdörfern in Südwestdeutschland. Die damals gefertigten Schüsseln, Töpfe und Krüge waren zuerst farblos. Erst im 16. Jahrhundert kamen die Glasuren und Farben in Mode. Bewirkt hat dies der umfangreiche Import italienischer Fayencen und die Blüte der Steinzeughafnerei.

So beklagten sich die Hafner 1746 über das vermehrte Auftreten der Kröninger Geschirrhändler, da diese selten Hafner, sondern reine Wiederverkäufer waren und zu allem Ungemach auch noch Billigware »en gros« verschleuderten. So wurden sie als »Eselstreiber und widernäsige Frettner« beschimpft, da sie ihnen das Geschäft vermiesten. Die Hafner in der Stadt beschwerten sich wiederum bei übergeordneter Stelle über die Hausierer aus Neuenhaus, weil sie ihnen den ohnehin geschmälerten Absatz gefährdeten. Die Hafnerzunft selbst machte die Landesregierung darauf aufmerksam, dass, wenn die Regierung nicht einschreite, die Hafner im ganzen Land ruiniert würden. Der Schüsselkrieg war also in vollem Gange. Jeder gegen jeden war die Parole. Denn es gab einfach zu viel Hafner in diesem relativ dünn besiedelten Land.

Weit über das süddeutsche Gebiet hinaus wurde der Hafner Hans Kraut bekannt, denn er stellte hauptsächlich die Prunköfen der Renaissancezeit her. 1590 erhielt er von Erzherzog Ferdinand von Österreich einen Wappenbrief verliehen, der ihn berechtigte, Wappen und Siegel zu führen. Eine seltene Ehrung für einen Mann des Volkes. Sein Sohn Jakob übernahm die Werkstatt seines Vaters und trat in dessen Fußstapfen. Durch alchemistische und chemische Versuche, die für die Weiterentwicklung der Glasuren notwendig waren, machte er sich bei der Kirche verdächtig und wurde 1641 ein Opfer des Hexenwahns und öffentlich verbrannt.

Ende des 18. Jahrhunderts modellierte der Ulmer Hafnermeister Hans Rommel kleine Tonfiguren, die das Stadtvolk um 1800 in seinen verschiedenen Ständen und Schichten darstellten. Bekannt wurden auch die Zisenhauser Terrakotten, die etwa 10–25 Zentimeter groß und bunt bemalt waren. Um die Kniffe und Geheimnisse geheim zu halten, wurden nie Gesellen eingestellt. Die Terrakottaproduktion fand 1920 ein Ende.

Durch den ständigen Umgang mit Bleiglasuren und das Einatmen von bleihaltigem Staub waren Töpfer permanent der

Unüberschaubar ist die Vielfalt der Gefäße und Geräte aus Ton. Viele von ihnen sind längst aus den Haushalten verschwunden, weil Elektrogeräte ihre Funktion besser erfüllen oder weil die Ernährungsgewohnheiten sich verändert haben.

Gefahr einer Bleivergiftung ausgesetzt. Die chronische Bleikrankheit wurde deshalb auch »Töpferkrankheit« genannt. Ältere Töpfer waren meist hagere, nach vorn gebeugte Männer mit fahler Haut.

Eine Bekanntmachung vom 24. Oktober 1834 spiegelte die Einstellung und Politik der damaligen Zeit wider. So verbot die württembergische Regierung den württembergischen Hafnergesellen den Aufenthalt in der Schweiz. Denn dort gab es von 1830 bis 1831 politische Unruhen, durch welche die Aristokratie langsam aus ihren Positionen vertrieben wurde. Die aufgeschlossenen und unternehmungslustigen Gesellen begriffen sehr schnell, wie der Hase lief und kamen mit aufrührerischen Gedanken zurück. Dieser übrigens recht unwirksame Beschluss wurde erst 1848 aufgehoben.

Einer Gewerbestatistik von 1895 können wir entnehmen, dass das Töpfergeschirr von Emaillegeschirr nahezu ganz verdrängt wurde. Das Ende der Fahnenstange war erreicht. Viele Hafner versuchten nun, sich als Hausierer durchzuschlagen. So stieg deren Zahl von dreitausend auf über zehntausend an. Ein uralter, angesehener Beruf sank innerhalb kurzer Zeit auf das Niveau von Hausierern und Bettlern herab. Nicht umsonst war die Zahl der Hafner, die nach Amerika auswanderten, besonders groß.

Eine lustige Geschichte aus jener Zeit will ich Ihnen nicht vorenthalten.

Hafner Blum aus Kandern bezeichnete einen Milchhafen mit Henkel als »katholischen Milchhafen«. Die evangelischen Orte im Markgräflerland benutzten dagegen den »evangelischen Milchhafen«, das »Milchbecki«. Wenn nun die Milch zum Sauerwerden aufgestellt wurde, standen die Milchbecki nebeneinander und die »katholischen« Gefäße übereinander. Auf diesen kleinen Unterschied wurde größter Wert gelegt.

Als nämlich eines Tages eine Sendung Milchbecki aus Versehen in einem katholischen Flecken landete, schickten sie die Bewohner empört zurück und meinten »derartige Gefäße landen bei ihnen unterm Bett und dienen als Botschamber«. Dabei steht doch geschrieben: »Liebe Deinen Nächsten« – was aber noch lange nicht seinen Milchhafen mit einschließt.

Doch die Töpferei ist heute wieder salonfähig geworden. Die Nostalgiewelle und die Sehnsucht nach der guten alten Zeit, sofern es die jemals gab, erschloss neue Käuferkreise. Töpfermärkte sind wieder in und gelten als Attraktion in den Innenstädten. Dabei beklagen die Töpfer die große Anzahl von »Sehleuten« und die geringe Zahl von »Kaufleuten«.

Was gibt es Schöneres als ein handgefertigtes Essservice, nach eigenem Geschmack entworfen und vom Töpfer gebrannt.

Der Töpfer in Buttenhausen (Lautertal) erfüllt fast jeden Wunsch. Mein Töpfer-Service steht schon lange im Schrank und erfreut uns nicht nur am Sonntag.

Die meisten Töpferinnen und Töpfer sind Individualisten, oft Eigenbrötler, aber auch mit die letzten Volkskünstler unserer Zeit. Dass der Hafner und seine »Häfa« im Volksmund ihren Niederschlag gefunden haben, bezeugen die große Anzahl der Verse und Sprüche aus vergangenen Jahrhunderten.

Dr Ma verbricht d' Häfa ond's Weib d' Schüssla.

A schener Hafa geit schene Scherba.

Wer z'viel en da Hafa leert,
verschütt viel.

Kemmere de et om alte Häfa,
's geit gnuag neue.

Kloine Häfa laufat gern iber.

Jedes Häfale hot sei Deckale,
bloß d' Sauhäfa et.

En de kloinschte Häfala
send de beschte Salba.

Dia send au en oim Häfale kochat worra.

Oh, liabr Gott von Riada,
viel Häfa geit's ond nix zom Siada.

Der muaß sein Zenka au en älle Häfa neihenga.

Wenn des Schpatza send,
laß i meine em Hafa.

Do hosch da Dreck mitsamt am Hafa.

Hafabender send Knöpflesschender.

Där hängt a Lätsch na,
do kent dr Hafama drauf gruaba.

Där hot au no d' Scheißhafareng am Arsch.

Där verschtoht da Dreck,
der muaß Hafner werra.

D' Hafner machet aus Dreck 's Geld.

B'hüat ons Gott vor deurer Zeit
Ond vor dreckade Hafnerleut.

Em Hafner lauft's mit Leichtigkeit
Wenn 'r hot gnuag Feuchtigkeit.

En schiafa Häfa ka ma au a Supp kocha.

DIE AUSWANDERER

Man schrieb das Jahr 1945 – das Dritte Reich war am Ende –, der schrecklichste aller Kriege hatte auch unsere Familie nicht verschont. Um dem Bombenhagel zu entgehen, wurden meine Mutter und wir drei Geschwister von Reutlingen aufs Land nach Altheim bei Ehingen evakuiert und in einem baufälligen Bauernhaus einquartiert.

Im Frühjahr kam mein Vater schwer verwundet von der Front nach Hause. Bald darauf ratterten dann auch die amerikanischen Befreier mit ihren Panzern durch unser Dorf, was zum großen Glück ohne Schießerei abging. Wir waren alle froh, dieses Schreckensszenario lebend überstanden zu haben, und meine Eltern begannen, Pläne für die Zukunft zu schmieden.

Als die ersten Care-Pakete aus den USA bei uns eintrafen, kamen wir aus dem Staunen nicht mehr heraus, was für Wunderdinge sie preisgaben. Immer öfter wurde über eine Auswanderung nach Amerika diskutiert. Doch daran war nicht zu denken, denn kein Land erklärte sich bereit, Deutsche aufzunehmen.

Meinem Vater war es nach seiner Genesung gelungen, einen alten Lastwagen aufzutreiben und ihn zu einem Holzvergaser umzubauen. Angetrieben wurde das urige Gefährt mit zerkleinertem Holz, das in einem ca. 50 Zentimeter breiten Eisenkessel hinterm Führerhaus angeheizt wurde. Dabei wurde Gas erzeugt, das nun das eigenartige Vehikel antrieb. Quasi ein Gaswerk »en miniature« auf vier Rädern. Vor der Inbetriebnahme musste zuerst mal kräftig geheizt werden, und es dauerte einige Zeit, bis es sich langsam stotternd in Bewegung setzte. Mein Vater führte auf seinen Fahrten immer mehrere Säcke Kleinholz mit, um unterwegs seinen Ofen zu füllen.

Über die Zuordnung unseres Dorfes zur französischen Zone war damals niemand besonders glücklich. Denn die Franzosen versorgten sich, im Gegensatz zu den Amerikanern, mit dem, was das Land erzeugte. Somit wurde zuerst eine strenge Viehzählung durchgeführt und reichlich Rinder, Schweine und Geflügel beschlagnahmt. Doch viele Bauern hatten vorgesorgt und ihr Vieh, besonders die Schweine, an den unmöglichsten Orten, angefangen vom Keller bis zur Bühne, versteckt.

Der Schwarzmarkt blühte in der unmittelbaren Nachkriegszeit. Die Nahrungsmittelknappheit zwang viele Städter, »Hamsterfahrten« aufs Land zu unternehmen, um Hausrat gegen Essbares einzutauschen.

Da man in der amerikanischen Zone auf dem Schwarzmarkt Fleisch gegen Zucker, Zigaretten und Alkohol eintauschen konnte, unternahm mein Vater des Nachts auf Schleichwegen durch Felder und Wälder gefährliche Schmuggelfahrten Richtung Ulm.

Als dann die GIs später auch noch die »nice looking german Frauleins« eroberten, um sie nach USA zu entführen, wurden auch die Einwanderungsgesetze gelockert und viele tausende Deutsche verließen ihre ausgebombten Städte und wanderten nach Amerika, Kanada und Australien aus. Sie folgten den Juden, die schon zwischen 1933-38 das Land verlassen hatten. Allein 18.000 verließen damals Südwestdeutschland, das waren fast 57 Prozent der hier ansässigen Juden.

Wie froh wäre das heutige Deutschland an all den Auswanderern. Ist unser Land doch heute auf Zuwanderung aus dem Ausland angewiesen, um die Wirtschaft am Laufen zu halten. Millionen von ehemaligen deutschen Auswanderern, die in den letzten Jahrhunderten Richtung Osten gezogen waren, kamen nach dem Zusammenbruch des Kommunismus wieder in ihre ursprüngliche Heimat zurück. Deutschland ist heute selbst zum Einwanderungsland geworden. Die Völkerwanderung ist wieder in vollem Gange, diesmal allerdings in umgekehrter Richtung.

Aber was waren wohl die Gründe dafür, dass immer wieder tausende von Menschen ihre Heimat verließen? Abenteuerlust war es sicher nicht, eher schlimme Not und Unterdrückung.

Nach dem Dreißigjährigen Krieg 1648 war die Alb fast völlig entvölkert. Die zuständigen Herrschaften, aber auch Bauern, die sich in den befestigten Städten in Sicherheit gebracht hatten, fanden bei ihrer Rückkehr fast menschenleere Dörfer vor. Arbeitskräfte waren Mangelware. Viele Adelsfamilien kamen selbst an den Bettelstab. Die Feudalherren schickten Werber in die vom Krieg verschonte und überbevölkerte Schweiz und nach Tirol, um auswanderungswillige Bauern zu gewinnen. Die attraktiven Angebote, wie kostenloses Land, Steuer- und Militärbefreiung auf bestimmte Zeit, lockten tausende von Einwanderern in den Süd-

Am Donauufer in Ulm ist der Nachbau einer »Ulmer Schachtel« zu sehen. Mit solchen Booten machten sich Auswanderer auf die Reise donauabwärts.

westen. Das »Bernerwägele« und der »Schweizer«, also der Mann, der für die Versorgung der Kühe und die Milcherzeugung zuständig war, erinnern uns an die Einwanderer aus der Schweiz.

Als Folge von Aufständen und der Türkenkriege im 17. und 18. Jahrhundert war auch die Gegend in und um Ungarn nahezu menschenleer. Reisende berichteten, dass sie tagelang nur auf verwilderte Viehherden gestoßen seien. So sandte Prinz Eugen, der Eroberer von Belgrad, Werber nach Süddeutschland, die von Dorf zu Dorf zogen, um Ausreisewillige anzuwerben. Der Hauptstrom der Kolonisten kam aus Baden und Württemberg, was ihnen später den Namen »Donauschwaben« einbrachte. Zum Transport setzte man die großräumigen »Ulmer Schachteln« ein. Das waren flache, etwa 26 Meter lange und vier Meter breite Zillen, die ein Holzhaus als Unterschlupf trugen. Sie konnten bis zu 150 Menschen aufnehmen. Die Flussreise begann in Ulm und ging über Wien weiter donauabwärts.

Eine Besonderheit war hier das »Mädle Schiff«, das 150 junge Frauen aus Schwaben und Bayern an Bord hatte. Sie stammten aus armen Verhältnissen und sahen in ihrer Heimat keine Zukunft, da vielen wegen ihrer Armut sogar die Heirat untersagt wurde. Respekt vor diesen Frauen. Gehörte doch eine gehörige Portion Mut dazu, in ferne, unbekannte Länder aufzubrechen. Im Banat hatten sie immerhin die Chance, an der Seite eines ehemaligen Unteroffiziers oder Feldwebels einen eigenen Hausstand zu gründen.

Aber nicht alle Auswanderer gingen freiwillig. Aus Baden wurden aufrührerische Bauern und politische Häftlinge deportiert. Sie konnten wählen, entweder auszuwandern oder auf der Galeere bzw. als Zwangssoldat ihr Leben zu fristen. Nun, die Wahl war wohl schnell getroffen.

Der Satz »Lieber in die schwäbische Türkei, als auf die Galeere« machte damals die Runde. Doch die Mehrzahl der Auswanderer wurde sorgfältig ausgewählt. Es kamen hauptsächlich verheiratete und katholische Bauern und Handwerker in Frage, die über ein gewisses Vermögen verfügten. Die Abfahrt in das gelobte Land, so priesen es die Werber an, ging nur vonstatten, wenn mindestens zweihundert Gulden Vermögen nachgewiesen werden konnten. Auch sonst waren allerlei Forderungen zu erfüllen.

Seit dem Regierungsantritt Kaiser Josefs II. konnten sich auch protestantische Einwanderer in Ungarn niederlassen. So wanderten allein von 1785 bis 1787 an die vierhundert Ulmer aus. Über die Auswanderungswelle war der Ulmer Rat so besorgt, dass er am 30. Mai 1785 neue Auswanderungsbestimmungen erließ. So mussten für den Freikauf aus der Leibeigenschaft, ohne Rücksicht auf Alter und Geschlecht, pro Person acht Gulden bezahlt werden. Auf das mitgeführte Vermögen war eine Steuer von zehn Prozent zu entrichten und auch dann erhielt nicht jeder eine Bewilligung. Besonders Handwerker ließ man ungern ziehen. Allein in dieser Zeit verließen 850 Ulmer Bürger ihre Heimat und zogen donauabwärts. Nicht verschweigen darf man, dass eine große Anzahl der

Auswanderer von den Zuständen in Ungarn so enttäuscht war, dass sie reumütig in die Heimat zurückkehrte.

Werbepatent des kaiserlichen »Populations-Kommissars« Joseph Anton Vogl zur Auswanderung ins Banat

1736 September 30, Ulm/Donau
Fürstlich Fürstenbergisches Archiv Donaueschingen, Causae subditorum, Fasc. 2
Joseph Anton Vogl versprach als Vorsitzender einer Kommission zur Anwerbung von Auswanderern nach Ungarn in der Umgebung von Donaueschingen:

1. Kostenfreie Fahrt von Marxheim bei Donauwörth bis nach Temeschburg.

2. In fruchtbaren Gebieten soviel Äcker und Wiesen, Weide, Wald und Weingärten, wie selbst die reichsten Bauern in Deutschland nicht innehaben.

3. Die zu Beginn erforderliche Einrichtung mit: einem Haus für 30 Gulden; Wagen, Pflug und Eggen für 14 Gulden; 4 große Ochsen für 44 Gulden; 2 Pferde für 22 Gulden; 4 Kühe und Kälber für 40 Gulden; 2 Zuchtschweine für 3 Gulden und Nahrung bis zur ersten Ernte für 47 Gulden, zusammen 200 Gulden. Wer sich aus eigenen Mitteln diese Dinge anschafft, erhält fünf steuerfreie Jahre.

4. Nach fünf Jahren sind die gewöhnlichen Zehnten zu bezahlen; für seine Person jedoch nicht mehr als 6 Gulden. Ansonsten sind Abgaben von dem einzelnen Viehbesitz zu bezahlen.

Der erste Transport soll Mitte März 1737, der zweite am 15. Juni und der dritte am 15. September in Marxheim abgehen.

Literatur: Quellenbuch zur donauschwäbischen Geschichte, hg. Von A. Tafferner, Bd. 1, München 1974, S. 136ff., Tafel XI nach S. 144
Immo Eberl

Eine besonders beschämende Aktion war 1732/33 die Vertreibung von rund viertausend Protestanten aus der Gegend von Salzburg durch die katholische Obrigkeit. Sie gelangten in Gruppen von bis zu neunhundert Menschen nach Ulm, wo sie sich teilweise auch niederließen. Der Großteil fand aber eine neue Heimat in Preußen, wo König Friedrich Wilhelm I. sie willkommen hieß. Denn der Preußenkönig ließ seine Untertanen »nach ihrer Facon selig werden«, Hauptsache, sie bezahlten pünktlich ihre Steuern und waren ansonsten brave Bürger.

Die größten Auswanderungswellen, die drei großen »Schwabenzüge«, fanden in den Jahren 1723/26, 1763/73 und 1782/87 statt. Am Donauknie um Buda und Pest, in der berühmtberüchtigten »Schwäbischen Türkei« zwischen Donau, Drau und Plattensee, entstanden geschlossene deutsche Siedlungen. Ihr Mittelpunkt war Fünfkirchen (Pecs). Im Tiefland, in der Batschka, zwischen Donau und Theiß, sowie im Banat, weiter in Slawonien und Sirmien ließen sich deutsche Siedler nieder. Bergleute aus Tirol und der Steiermark brachten die Bergwerke wieder auf Vordermann. Trotz aller Anfangsschwierigkeiten wie Pest, Hungersnöten, Grenzkriegen und sturen Beamten aus Wien, verwandelten sie das zugewiesene Land in die Kornkammer des Habsburgerreiches.

Zu den deutschen Sachsen in der Zips und in Siebenbürgen, die sich bereits lange vor den Schwaben hier niedergelassen hatten, bestand übrigens kein besonders herzliches Verhältnis, waren diese doch reine Protestanten.

Die russische Zarin Katharina II. (1762–1796) erließ 1763 ein Manifest, das Auswanderer nach Russland lockte, die sich als Siedler in allen Gouvernements des Reiches niederlassen konnten. Den Neusiedlern wurden umfangreiche Privilegien versprochen, wie: »Persönliche Freiheit, Befreiung vom Militärdienst, Handels- und Glaubensfreiheit, Schulen, befristete Steuerfreiheit«.

Eine große Auswanderergruppe bildeten wie immer die Schwaben, die, bedingt durch die große Hungersnot von 1816 bis 1817, sich zur Auswanderung nach Russland entschlossen. 31 Familien (178 Personen) zogen als erste Gruppe im Mai 1818 gen Osten, um sich bei Tiflis niederzulassen. Man bezeichnete sie als die »Heiligen der letzten Tage«, denn ihr eigentliches Ziel war Jerusalem, wo sie ihr Schicksal erwarten wollten.

Auch der Weber Gottlieb Ruoß aus Münsingen, ein direkter

Vorfahre meiner Familie, hatte sich einem Siedlerzug angeschlossen und erlag vor Odessa den Strapazen der mühseligen Reise. Von Münsingen nach Tiflis im Kaukasus waren es immerhin 3.500 Kilometer und die Kolonisten waren mit ihren Wagentrecks an die 150 Tage unterwegs. Weitere fünfhundert Familien folgten den ersten Gruppen, um dem Elend in der Heimat zu entfliehen. Doch der Tod hielt weiter schreckliche Ernte. Bevor die Siedler Odessa erreichten, waren mehr als dreitausend Menschen den Strapazen erlegen. Es gab keine Familie, die nicht Angehörige verloren hatte.

Tiflis glich damals mehr einem Dorf – außer einer alten Kirche und den Krongebäuden fanden die Neuankömmlinge nur armselige Hütten vor. Wegen des hereinbrechenden Winters mussten sie nun selbst in eilig erstellten Erdhütten überwintern. Da die von der Regierung vorgestreckten Nahrungsmittel nicht ausreichten, mussten die Kinder, um zu überleben, in den benachbarten Grusinendörfern betteln gehen. Der Herrgott hatte sie wahrlich auf eine harte Probe gestellt.

Interessant ist die Geschichte, dass eine der Kolonistinnen, die 33jährige Maria Margaretha Aichholz (1785–1845), Tochter einer Wolfsöldner Bauernfamilie, die Urgroßmutter der Stalintochter Swetlana gewesen sein soll.

Das Schicksal der Russland-Deutschen war unter Stalin besonders dramatisch, rund 341.000 wurden von Hitlers Armee »befreit« und die wehrhaften Männer umgehend in die Armee gesteckt. Die restlichen Deutschen, etwa 300.000, schickte Stalin in die Verbannung nach Sibirien, wo viele von ihnen elend zu Grunde gingen. Erst 1954 durfte sich der Rest in Kasachstan neu ansiedeln. Die meisten von ihnen nutzten das Ende des Kommunismus und kehrten nach Deutschland zurück. Auch die jahrhundertealte Existenz deutscher Kultur an der mittleren Donau wurde innerhalb weniger Monate zwischen 1944 und 1945 vernichtet. Die Politik der Nationalsozialisten und ihre Grausamkeiten hatten zu dieser Katastrophe geführt.

Den größten Verrat betrieben NS-Organisationen, als sie die

Fluchtvorbereitungen der beunruhigten Bevölkerung bis zuletzt hintertrieben, um sich dann als erste aus dem Staub zu machen. Die schwerfälligen Flüchtlingstrecks wurden von den Sowjets überrollt, zurückgeschickt oder zum Teil in großen Lagern zusammengetrieben. Bei der Konferenz von Jalta am 11. Februar 1945 wurde zwischen Stalin, Churchill und Roosevelt die »Kriegsentschädigung in Leistung« beschlossen. Das bedeutete, dass 874.000 Zivilpersonen, Frauen und Männer, in die UdSSR als Zwangsarbeiter verschleppt wurden. Am härtesten betroffen waren die Siebenbürger Sachsen, die Donauschwaben, die Ostpreußen und die Pommern. Von diesen Zwangsarbeitern starb fast die Hälfte in den Arbeitslagern.

Die Transporte erfolgten in Güterwaggons mit jeweils 30 bis 45 Personen. Die schlechte Versorgung mit Wasser, Lebensmitteln, die mangelnde Hygiene sowie fehlende ärztliche Betreuung führten schon auf dem Transport zu zahlreichen Todesfällen. Die hohen Leistungsnormen bei der Zwangsarbeit waren bei den knappen Lebensmittelrationen kaum zu bewältigen. Die Folgen sind bekannt.

In Jugoslawien wurden die Donauschwaben aus dem serbischen Banat, der Batschka und der Untersteiermark durch die berüchtigte »Verfügung von Jajce« (1944) entrechtet, enteignet und in Internierungslagern zusammengetrieben. Hier schrieb die Geschichte ein besonders grausames Kapitel. Zwischen 1945 und 1947 wurden in diesem Todeslager die Donauschwaben systematisch zu Tode gefoltert und ausgehungert. Insgesamt kamen so mindestens sechzigtausend Menschen ums Leben. Die Jugoslawen, die zuvor noch grausame Rache an den deutschen Siedlern genommen hatten, übergaben den Russen 45.000 arbeitsfähige Frauen und Männer zur Zwangsarbeit. Die ungarische Regierung übergab den Sowjets etwa 35.000 Ungarndeutsche als Zwangsarbeiter. In Rumänien wurden auf Befehl der Sowjets 70.000 arbeitsfähige Deutsche zur Zwangsarbeit ins Donezbecken deportiert.

An Völkermord grenzt die von den Siegermächten deklarierte

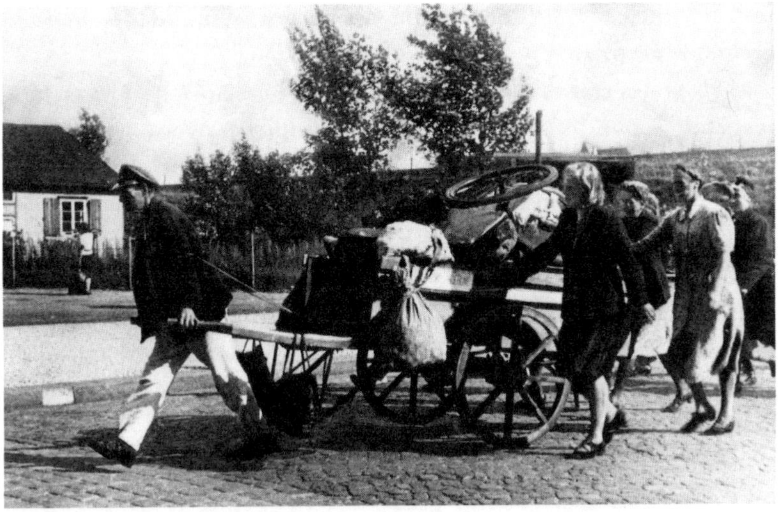

Flucht und Vertreibung der Deutschen aus Osteuropa brachten Millionen von Menschen um ihre Heimat. Ihre Unterbringung und Versorgung in der Nachkriegszeit bedeutete eine ungeheure Anstrengung.

»ordnungsgemäße Überführung«, also die Vertreibung aus Ost-, Mittel- und Südosteuropa, bei der drei Millionen Menschen den Tod fanden. Nicht überall lief die Aussiedlung so grausam ab. In Siebenbürgen blieb ein Teil der Sachsen im Lande. Allerdings wurden sie 1951 in die öde Baragansteppe deportiert. Erst 1955 durften die Überlebenden ins Banat zurückkehren. In Ungarn wurde 1947 die Aussiedlung gestoppt, nachdem bereits über die Hälfte der Donauschwaben ihre alte Heimat verlassen hatten.

Übrigens muss auch gesagt werden, dass sich in Rumänien, Ungarn und der Slowakei die einheimische Bevölkerung im Allgemeinen an antideutschen Ausschreitungen nicht beteiligte.

Nicht vergessen werden sollte hier auch die 1940 angeordnete »Umsiedlung und Rückführung aller verstreut siedelnden Auslandsdeutschen im Südosten«. Das heißt nichts anderes, als dass die ausgewanderten Donauschwaben wieder die Koffer zu packen hatten, um erneut auf Wanderschaft zu gehen. Diesmal allerdings unfreiwillig. Sie sollten in die eroberten »einzudeutschenden Gebiete« verpflanzt werden.

Als erstes traf es die Bessarabien- und Dobrudscha-Deutschen, insgesamt etwa 150.000 Menschen. In ähnlicher Weise wurden die in Serbien, Bosnien und Kroatien lebenden Deutschen »abgeschöpft« (NS-Jargon), um den deutschen Volkskörper im Osten zu stärken. Siedlungsgebiete waren der Warthegau und Ostpreußen. Einen besonders makabren Akzent bekam die Rückführung der entwurzelten Auswanderer, als die donauaufwärts fahrenden Dampfer mehreren Schiffe begegneten, auf denen sich tausende slowakische Juden befanden, die sich vor der Verfolgung in Sicherheit brachten.

Zur Erinnerung an all die mutigen Frauen und Männer, die im Osten eine neue Heimt gesucht hatten, sind in Ulm – ihrem Abfahrtsort – an der Stadtmauer, nur wenige Meter oberhalb der

Gedenktafeln erinnern in Ulm an das Schicksal der Donauschwaben, die gegen Kriegsende interniert oder vertrieben wurden.

Donau, Erinnerungstafeln der einzelnen Landsmannschaften angebracht. Im Jahr 2000 wurde ebenfalls in Ulm in einem stattlichen Festungsbau das schon lange erwartete »Donauschwäbische Zentralmuseum« eingerichtet. Um diese Gedenkstätten für die Donauschwaben zu besuchen, sollte man etwas Zeit mitbringen und einen Spaziergang auf der Neu-Ulmer Donauseite einplanen, denn von hier zeigt sich Ulm von seiner Schokoladenseite und man kann dort an der Donau einen Nachbau der legendären Ulmer Schachtel besichtigen.

Der Osten hatte den Auswanderern bei Gott kein Glück gebracht. Dagegen sah es bei den Amerika-Auswanderern ganz anders aus. Dort wartete ein jungfräuliches Land auf sie, das besiedelt werden konnte. Die Einheimischen, also die Indianer, galten als Wilde und wurden systematisch vertrieben. Die zu Millionen durch die Steppe ziehenden Büffelherden wurden radikal von speziellen Büffeljägern hingemetzelt, die nur am Fell interessiert waren, um daraus Leder zu gewinnen. Der Lebensgrundlage beraubt und in Reservate eingesperrt, ging vom Rest der Indianer keine große Gefahr mehr aus.

Aus ganz Europa strömten die Menschen in das Land der unbegrenzten Möglichkeiten. Aber auch hier hieß es: »Der erste fand den Tod, der zweite die Not und erst der dritte das Brot.« Die Auswanderung nach Amerika war ein Abschnitt einer Weltbewegung. Zwischen 1815 und 1914 verließen rund 50 Millionen Europäer ihre Heimat. Davon wanderten allein nach Amerika 35 Millionen Menschen aus, um dort ihr Glück zu finden. Aus Deutschland zogen zwischen 1820 und 1900 weit über fünf Millionen Menschen in die neue Welt. Natürlich waren sie nicht die ersten Deutschen, die Nordamerika betraten. Denn schon 1683 gründete die erste Auswanderungsgruppe bei Philadelphia die Stadt »Germantown«. Aber erst im 19. Jahrhundert setzte das »Amerikafieber« die Massen so richtig in Bewegung.

Wir kehren nach Württemberg zurück, um dem Phänomen der Auswanderung auf den Grund zu gehen. Fragt man nach den

Gründen für die anhaltende Auswanderungsbewegung speziell im Südwesten Deutschlands, hört man immer wieder, dass die Schwaben besonders reiselustige Leute seien. Was so wohl nicht den berühmten Nagel auf den Kopf trifft. Vielmehr trafen im südwestdeutschen Raum so viele negative Momente aufeinander, dass die Bereitschaft, die Heimat zu verlassen, besonders stark war.

Hohe Abgaben und Lasten sowie Einschränkungen der religiösen Freiheit machten vielen Menschen zu schaffen. Hunger, Misswirtschaft und Klimakatastrophen raubten den Menschen den letzten Mut. Es fehlte an Erwerbsmöglichkeiten, viele hatten nichts mehr zu verlieren. Und so machten sich abertausende auf den Weg, um in der Fremde eine neue Existenz aufzubauen. Die Obrigkeit versuchte, die Auswanderung geregelt ablaufen zu lassen und sah in ihr ein Instrument zur Regulierung der steigenden Bevölkerungszahl, die schneller als die Wirtschaft wuchs.

Manche Gemeinde ging auch tatsächlich dazu über, Unruhestiftern, landlosen und verarmten Einwohnern die Überfahrt zu bezahlen, um sie los zu werden. So hatte sich zum Beispiel ein Weißenhorner Schreinermeister 1853 unter Missachtung aller strengen bayerischen Auswanderungsbestimmungen einfach still und leise nach Amerika abgesetzt. Seine Ehefrau bekam nun auf Anordnung des königlichen Landgerichts in Roggenburg aus der Gemeindekasse 175 Gulden. Weitere Unterstützung ihres Vaters, der noch fünfzig Gulden beisteuerte und der Erlös ihres Haushaltes reichten aus, damit sie und ihre zwei Kinder ihrem Manne folgen konnten. Die Gemeinde kam es billiger, die Reise zu finanzieren, als die verarmte Frau und ihre zwei Kinder im Armenhaus durchzufüttern. Das war sie dann wohl, die Barmherzigkeit der guten alten Zeit.

In Württemberg war das Recht auf »freien Abzug« seit dem Tübinger Vertrag von 1514 garantiert, sofern die Betreffenden die Auswanderungsbestimmungen erfüllen konnten. Dies galt in Deutschland als Sonderfall, wo doch 1768 ein kaiserliches Auswanderungsverbot erging. Erst mit der Gründung des Deutschen

Bundes 1815 sollte eine Bewegungsfreiheit zwischen den deutschen Teilstaaten gewährt werden.

Besonders große Auswanderergruppen bildeten Protestanten und andere religiöse Gemeinschaften, die für erhebliche Wanderungsschübe sorgten. Den sichersten Weg, um schnell und relativ sicher die Nordseehäfen zu erreichen, bildete die Rheinschifffahrt, die dabei nicht schlecht verdiente. In Amsterdam hieß es dann umsteigen auf die Überseesegler und dort auf günstige Winde zu hoffen, die oft wochenlang auf sich warten ließen. Die beste Reisezeit war deshalb das Frühjahr mit seinen kräftigen Winden.

Über Agenten in den größeren Städten konnte die Überfahrt reserviert werden, viele aber hofften darauf, in einem holländischen Hafen einen Kapitän zu finden, der sie an Bord nahm. Besonders zu leiden hatten die Auswanderer in den Hungerjahren 1816/17, als tausende von Menschen, nicht nur aus Südwestdeutschland, nach Holland pilgerten, um dort ein Schiff nach Amerika zu finden. Abertausende warteten vergebens und verzehrten nun ihre Reisekasse und kehrten nicht selten als Bettler zurück.

Da in Amerika ein großer Bedarf an Arbeitskräften herrschte, versuchten viele allein stehende Taglöhner, verarmte Bauernsöhne und ehemalige Soldaten, das Meer ohne viel Geld zu überqueren. Die einzige Möglichkeit, wegzukommen, bestand darin, die Seereise durch einen Arbeitskontrakt zu finanzieren. Für die betreffenden Kapitäne ein glänzendes Geschäft. Oft brachte ihnen eine Überfahrt ein kleines Vermögen ein. Bei Ankunft in den britischen Kolonien oder in den unabhängigen Vereinigten Staaten verkauften sie die Arbeitskontrakte an die amerikanischen Dienstherren, wo nun die Neuankömmlinge in zwei bis vier Jahren ihre Überfahrt abarbeiten durften.

Dieses System der »weißen Sklaverei«, wie es seine Gegner nannten, endete nach 1816/17. Zu viele Arbeitssuchende strömten nun in das verheißungsvolle Land. Ab diesem Zeitpunkt konnte nur noch gegen Vorkasse das Meer überquert werden.

Auswanderung bedeutete weniger Abenteuer als vielmehr große Entbehrung und ungewisse Zukunft. Hier warten Auswandererfamilien im Hamburger Hafen auf ihr Schiff nach Amerika.

Die wochenlange Reise im Zwischendeck, die Schiffe hatten bis zu 500 Personen an Bord, kann man nur als menschenunwürdig bezeichnen. Die hygienischen Bedingungen, der Gestank, oft mangelhafte, verdorbene Lebensmittel machten eine Überfahrt zum Spiel auf Leben und Tod. Erst 1819 wurde in Amerika ein Bundesgesetz verabschiedet, das die Kapitäne zwang, die Passagiere ordentlich unterzubringen und zu versorgen.

Um die Tücken einer Überfahrt aufzuzeigen, geben wir hier einen Ausschnitt des Briefes von Gottfried Mittelsberger wieder, der 1750 das Abenteuer Überfahrt nach Amerika ausführlich und drastisch schilderte:

Die Überfahrt mit Segelschiffen dauerte wochenlang. Für ihre Nahrungsmittel mussten die Auswanderer selbst sorgen. Viele erkrankten während der Seereise.

»Während der Seefahrt aber entstehet in denen Schiffen ein jammervolles Elend, Gestank, Dampf, Grauen, Erbrechen, mancherlei Seekrankheiten, Fieber, Ruhr, Kopfweh, Hitzen, Verstopfungen des Leibes, Geschwulsten, Scharbock, Krebs, Mundfäule und dergleichen, welches alles von alten und sehr scharf gesalzenen Speisen und Fleisch, auch von dem sehr schlimmen und wüsten Wasser herrühret, wodurch viele elendiglich verderben und sterben. Dazu kommt ferner Mangel der Lebensmittel, Hunger, Durst, Frost, Hitze, Nässe, Angst, Not, Anfechtung und Wehklagen, nebst andern Ungemach, da die Läuse öfters, sonderheitlich bei den kranken Leuten, so entsetzlich überhand nehmen, dass man solche am Leibe abstreifen kann.

Dieser Jammer steiget alsdann aufs höchste, wenn man noch zwei bis drei Tag und Nacht Sturm ausstehen muss, dabei jeder-

mann glaubet, dass das Schiff samt Menschen werde zu Grunde gehen.

In solcher Not betet und schreiet das Volk erbärmlich zusammen. So kann man sich leicht vorstellen, dass solcherlei harte Zufälle, die sich keiner dieser Leute vermutet hat, notwendigerweise viele von denselben so hart mitnahm, dass sie es nicht überstehen.«

Aus: Gottfried Mittelberger, Reise nach Pennsylvanien im Jahr 1750 und Rückreise nach Deutschland im Jahr 1754, Stuttgart 1756.

In den ersten Monaten des Jahres 1817 zogen allein 16.361 Menschen aus Südwestdeutschland nach Amerika. Davon kamen 13.842 aus dem Dreisamkreis, dem Zentrum des badischen Exodus. Anfang Mai waren es schon 18.000 und nun wurde auf einmal auch die Obrigkeit hellhörig und suchte Sündenböcke. Schuldig waren ihrer hochherrschaftlichen Meinung nach »Demagogen, Vaterlandsverräter, Geschäftsmänner«, nur nicht die von Gott auserwählten Feudalherren.

Wegen des eintretenden Arbeitskräftemangels wurden nun die Auswanderungsbestimmungen verschärft. So benötigte der Auswanderer einen vom Oberamt ausgestellten Pass mit Sichtvermerken für die Durchreiseländer. Seine Abwanderungsabsichten mussten in der Presse bekannt gegeben werden, damit eventuelle Gläubiger sich melden konnten. Zurückbleibende Güter waren zu verkaufen oder zu versteigern, oft an die adligen Grundherren zu billigen Preisen. Auf diese Erlöse war eine Nachsteuer zu entrichten. Teilweise verlangten die Behörden auch Bürgen in Amerika. Diese aufwendige und teure Behördenschikane hielt viele Bürger von der Auswanderung ab. Nach der katastrophalen zweijährigen Missernte wurde auf die Nachsteuer verzichtet, denn die Menschen waren nicht mehr zu halten.

Allerdings verschärfte nun Holland die Einreisebestimmungen, da tausende von Menschen, die kein Schiff fanden, als Bettler durchs Land zogen und es unsicher machten. Nur Reisende mit den nötigen Geld- und Nahrungsmittelvorräten durften einreisen, die anderen wurden zurückgeschickt. So kostete eine Überfahrt von Amsterdam oder einem anderen Hafen der Nordsee aus 170 bis 200 Gulden, damals ein kleines Vermögen. Kinder zahlten die Hälfte. Wer nicht Gefahr laufen wollte, Hunger zu leiden oder bei der schlechten, mangelhaften Schiffskost zu erkranken, war gezwungen, eigene Nahrungsmittel mitzuführen.

Am 21. Mai 1817 erließ das großherzogliche badische Direktorium des Kinzigkreises ein Auswanderungsverbot, das wirksam wurde, wenn in einer Gegend zum Beispiel die Abwanderung so überhand nahm, dass die Grundstückspreise fielen. Ehemänner, die allein auswandern wollten, um in Amerika zuerst eine Existenz zu gründen, bekamen keine Erlaubnis. Zudem drohte man allen Ausreisewilligen, dass sie ihre Heimatrechte verlören.

Auch dem württembergischen König war zu Ohren gekommen, dass seine Untertanen wegen all dem Übel in seinem Land ihr Bündel schnürten, um in fernen Landen ihr Glück zu suchen. Um den Klagen auf den Grund zu gehen, beauftragte er den Herrn Rechnungsrat Friedrich List, nach Heilbronn zu fahren, um die dort abfahrenden Auswanderer zu befragen. Was nun dieser ehrlich bemühte Herr zu hören bekam, wollen wir skizzenhaft wiedergeben.

Einstimmig haben sie sich über Mangel an Arbeit beklagt, die Lebensmittel waren überteuert, die allzu großen Abgaben und die Schikane der Schultheißen und Beamten waren wohl die Hauptpunkte.

Taglöhner: Mein Schultheis hat mich zwei Mal in den Turm gesperrt, weil ich nicht bei der Jagdfron erschien, obwohl mir das nicht möglich ist, da ich mir im Russlandfeldzug Erfrierungen an meinen Füßen zugezogen habe.

Wir können klagen, so viel wir wollen und bekommen kein Recht. Anno 1811 haben wir dem König die Straßenkosten vorschießen müssen, mit der Versicherung, sie zurück zu bekommen. Es fehlt bis heute. Angeblich hat es der Amtspfleger unterschlagen. Klagen ist sinnlos.

Er könne arbeiten, um sein Brot zu verdienen, meinte ein Zimmermann, und es falle ihm sehr schwer, seine Heimat zu verlassen. Auch wenn sie ihn in Amerika als Leibeigenen behandeln sollten, könne die Not nicht größer sein als hier.

Ein Bauer meinte: Er habe alle seine Güter verkauft und besitze nun 1.000 Gulden. Die Abgaben der Bauern sind unsäglich. Ich hatte Angst, dass mein Land in kurzer Zeit nichts mehr wert ist und ich nicht mehr gehen kann.

Man gibt den Bürgern von Seiten des Forstamtes nicht einmal Laub, dabei fehlt es hinten und vorn am Dung. Die Hälfte der Beutelsbacher würde auswandern, wenn sie könnten. Da wir auch kein Holz bekommen, müssen wir es eigenmächtig nehmen, worauf man unmäßig bestraft wird.

Wagner aus Schorndorf: Steuer und Abgaben sind unerschwinglich. Auch bekomme ich kein Holz für mein Handwerk.

Heute sind acht Schiffe mit bis zu 700 Personen von Neckarsulm nach Holland abgegangen.

Bürger von Heilbronn: Die anhaltende Soldateneinquartierung hat uns ruiniert. Wenn ich noch länger gewartet hätte, müsste ich betteln gehen.

Bauer: Ich musste meine Wiesen verkaufen, um die Steuern zu bezahlen. Nun kann ich kein Vieh mehr halten. Ohne Vieh kann ich kein Feld bebauen. Wenn ich jetzt noch zuwarte, habe ich gar nichts mehr. Also gehen wir.

Bauer: Das überzählige Wild hat meine Wiesen und Felder ruiniert. Als Entschädigung hat man uns fünf Gulden angeschlagen. Das Scheffel Frucht kostet jetzt 18 – 20 Gulden. Die Entschädigung haben wir nie erhalten. Solange das Wild wichtiger ist als wir Bauern, ist besser aufzuhören und zu gehen, solange man noch kann.

Bürger von Weinsberg: Sie befürchten bei den hohen Abgaben bei längerem Bleiben Bettler zu werden. Lieber in Amerika als Sklave zu arbeiten, als Bürger in Weinsberg zu bleiben – war wohl die traurigste Antwort.

Taglöhner: Ich hatte vierzehn Tage kein Brot im Haus und meine Kinder hungerten. Da habe ich mir vom Ortsvorsteher drei Simri Frucht fürs Abverdienen geliehen. Da ich aber kein Holz zum Kochen hatte, habe ich mir im Morgengrauen im Wald Holz geholt. Beim Rückweg hat mich der Jäger erwischt und mich blutig gehauen. Wir haben hier nichts mehr verloren und suchen uns eine neue Heimat.

Als Bürger der Gemeinde Busch habe ich eine Auswärtige geheiratet. Da sie aber nicht 200 Gulden Vermögen besitzt, verweigert die Gemeinde ihr das Bürgerrecht. Da ich nicht getrennt von ihr leben kann, ziehen wir fort.

Bürger aus Hambach: Dem König möchten sie gerne dienen, aber es rupfen noch zwei Herren an ihnen. Nämlich die von Burg Gemmingen und der Hohenloher Schillingfürst. Dazu kämen noch die Gemeinde und Amtsschäden. Die lassen einem nicht mal Laubstreu rechen. An Holz sei nicht zu denken. Dazu kommen noch die Gülten, Zinsen und große Sterbefälle, welche die Herren nach Willkür erhöhen. Zudem ruinieren die Wildsäue von der Jagd des Herrn von Weiler zu Weiler unsere Güter. Wir gehen, bevor es ganz zu spät ist.

Bürger von Unterhambach: Da sie die Zinsen zum Heiligen und die Abgaben an die Kirche nicht aufbringen konnten, hat der Pressler ihnen Beile, Pfannen usw. weggenommen. Auch hier hieß es: »Nehmen ist besser als geben«. Zudem müssen wir dem Edelmann alle Jahr 18 Tage fronen und 4 Tage Boten laufen, Klafter machen und jagen. Zudem kommen noch Frondienste für die Gemeinde und fürs Amt.

Die Schreiber werden reicher als der König. Sie fahren in silbernen Kutschen und werden wohlhabender wie ein Edelmann. Alles auf Kosten der Bauern und Handwerker.

Verschiedene Auswanderer gaben an, dass sie auf Druck und Zureden ihres Schultheißen gingen, da dieser günstig ihre Grundstücke erwerben wollte.

Der Katalog der Beschwerden könnte noch ewig weitergeführt werden. Der Drang fortzuziehen, um in fremden Ländern ein neues Leben zu beginnen, zeigte sich auch in anderen Ländern wie der Pfalz, Hessen, im Rheinland, aber auch in der Schweiz und im Elsass. Österreich und Preußen waren dagegen ausgesprochen auswanderungsunfreundlich gestimmt.

Auszüge aus einem Schreiben vom 4. Juni 1819 vom State Department Washington, an Freiherr von Gagern:

– Ihr Bericht hat darauf richtig hingewiesen, dass die Regierung der Vereinigten Staaten, niemals irgendwelche Schritte unternommen habe, um Auswanderer aus irgendeinem Teil von Europa zur Überfahrt zu ermutigen oder hierher einzuladen.

– Dies ist kein Land der Privilegierten, sondern eines der gleichen Rechte.

– Der Atlantik steht ihnen immer offen, um zum Land ihrer Geburt und ihrer Väter zurückzukehren.

– Dass ihm als Mitglied der Gesellschaft kein anderer in diesem Lande übergeordnet ist – sieht man auf jene Nationen herab wo die Masse der Menschen sich privilegierter Klassen unterlegen fühlt und wo Menschen hoch oder niedrig sind, entsprechend dem Zufall der Geburt.

– Die Regierungen sind die Diener des Volkes und werden als solche vom Volke angesehen.

– Die Abhängigkeit in Regierungsangelegenheiten steht im Gegensatz zur Praxis in Europa; statt dass die Völker von ihren Herrschern abhängen, sind die Herrscher als solche immer abhängig von der Gunst des Volkes.

Gez. John Quincy Adams

Nach diesen Worten müssen ja den Freiherrn, Grafen und Herzögen bei uns die Ohren geklingelt haben. Aber die Angst vor dem Volke saß zu tief, um nun großzügige Reformen in Angriff zu nehmen. Wahrscheinlich zu Recht, denn die jahrhundertelange Unterdrückung und Ausbeutung der Bevölkerung hatte unüberbrückbare Hürden aufgebaut. Das Misstrauen und die Angst der herrschenden Klasse vor dem Volk hat sich bis in unsere Tage gehalten.

So warnte gar der spätere Bundespräsident Theodor Heuss im Parlamentarischen Rat vor dem Volk wie vor einem »bissigen Hund«. Bei der Schaffung der Grundgesetze war das Volk kaum beteiligt. Der Parlamentarische Rat, der das Grundgesetz 1948/49 unter erheblicher Einflussnahme der westlichen Besatzungsmächte ausarbeitete, war weder vom Volk direkt gewählt, noch wurde das

Grundgesetz einer »Volksabstimmung« unterzogen. Die Verfassungslehre sagt auch: »Alle Staatsgewalt geht vom Volke aus«.

»Odr hent dia jemand ganz anderscht gmoint?«

Rousseau schrieb schon 1762 in seinem berühmten Buch »Vom Gesellschaftsvertrag – das Volk ist frei geboren, ist frei und liegt doch überall in Ketten«. Die Entmündigung des Volkes zieht sich durch alle Epochen. Direkte politische Mitbestimmung der Bürger ist immer noch nicht erwünscht. Das jüngste Beispiel zeigt die Unterschriftenaktion der Bürgerbewegung von »Direkte Demokratie in Baden-Württemberg«, die 18.000 Unterschriften sammelte, um die Bürgerbegehren auf kommunaler Ebene zu erleichtern. Das Innenministerium in Stuttgart ließ die ganze Aktion ins Leere laufen.

Kommentar von Richard von Weizsäcker:

»Berufspolitiker können zwar über alles reden, wissen aber fast nichts wirklich genau – außer wie man politische Gegner bekämpft.«

Bevor ich dieses Thema beende, lassen sie mich noch zwei berühmte amerikanische Politiker zitieren:

Abraham Lincoln:

»Demokratie ist: Regierung des Volkes, durch das Volk, für das Volk.«

Und nicht eine Parteiendemokratie wie bei uns. Um die Bürger nicht ganz politikverdrossen zu machen, sollten wir die Worte von Thomas Jefferson beherzigen: »Jede Generation sei aufgerufen, sich ihre Verfassung neu zu geben«.

Allein Brot und Spiele wie im alten Rom sind auf Dauer keine Lösung. Gebt uns die Freiheit wie in den USA und der Schweiz, wo die Bürger in Volksabstimmungen mitbestimmen dürfen. Laut einer Umfrage fordern siebzig Prozent der Bürger Volksabstimmungen, auch auf Bundesebene.

NOTZEITEN

»Wir haben Hunger, Hunger, Hunger, Hunger...« sangen immer die Kinder im Schullandheim bei meinen Eltern und schlugen dabei mit den Händen auf den Tisch, damit es auch einen rechten Lärm machte und in der Küche gehört wurde. Dort beeilte man sich, die hungrigen Mäuler schnell zufrieden zu stellen, und dampfende Schüsseln voller Köstlichkeiten aus der Region landeten auf den Tischen der kleinen Wanderer.

Wenn es nur immer so einfach gewesen wäre. Hungersnöte plagten die Menschheit seit ihrem Bestehen und gehören bis heute in manchen Erdteilen zum Alltag.

Zum Glück wurde meine Familie zum Kriegsende 1945 aufs Land evakuiert und meine Eltern schafften es immer, etwas Essbares aufzutreiben. So blieb mir die bittere Erfahrung des Hungerns erspart. Um ab und zu Fleisch auf den Tisch zu bekommen, bastelte mein Vater einen Hasenstall und wir begannen, Hasen zu züchten. Das hieß dann aber auch, im Sommer täglich frisches Gras an den Wegrändern zu holen. Am liebsten fraßen die Nager Löwenzahn. Der Feldschütz hatte auf uns Kinder ein besonders wachsames Auge geworfen, denn wir nahmen es mit den Wegrändern nicht immer so genau. Im Winter bekamen unsere Langohren Heu, gekochte Kartoffeln, Hafer und Küchenabfälle. Der Hafer war mein Verdienst, denn ich half dem Nachbarn beim Kühe hüten und bei der Stallarbeit.

Nach der Getreideernte musste die ganze Familie zum Ähren sammeln antreten. Meine Mutter hatte jedem von uns einen Stoffbeutel genäht, den man mit einem Band um die Hüfte herum festband. Da hinein kamen die kurzen abgebrochenen Ähren, den Rest, an dem noch Halme daran waren, banden wir zu Sträußen zusammen. Zum Schluss kam alles in einen Sack. Das ständige Bücken war eine Heidenarbeit und alle waren froh, wenn wir am Abend oft mit vier oder fünf Säcken voll bepackt mit unserem Leiterwagen heimwärts zogen. Unser Nachbar war ein großer Bauer und er duldete es, dass wir Ähren lasen, ohne dass er mit dem eisernen Rechen nochmals nachrechte.

Während der Getreideernte kamen viele Familien aus Ulm, Ehingen und Blaubeuren und streiften über die abgeernteten Getreidefelder, um ebenfalls Ähren zu lesen. Die Not war groß und die Zuteilungen von Lebensmittelmarken reichten hinten und vorne nicht, sodass viele Familien aufs Land zogen, um zu hamstern und ihr letztes Hab und Gut gegen Lebensmittel einzutauschen.

Die Menschen wurden gewissermaßen wieder zu Sammlern und Jägern. Man zog in die Buchenwälder, um Bucheckern zu sammeln und Öl daraus zu gewinnen. Hagebutten gaben eine vorzügliche Marmelade und den hochgeschätzten »Kernlestee«. Unvergessen sind die aromatisch nach Wald duftenden Himbeer- und Erdbeermarmeladen meiner Mutter. Aus jungen Löwenzahnblättern und mit dem Messer auf den Äckern ausgestochenem Ackersalat bereiteten wir Salat und sorgten so für etwas Abwechslung in unserem Speiseplan.

Am Wochenende zogen wir mit unserem unverzichtbaren Leiterwagen in die Wälder, um Tannenzapfen zu sammeln. Sie waren von meiner Mutter hochgeschätzt, wenn sie zum Kochen schnell Feuer machen musste. Besonders morgens, wenn es im ganzen Haus kalt war, bullerten die trockenen Tannenzapfen krachend im Ofen und wir Kinder kleideten uns in der Ofenwärme an, um dann in die Schule zu gehen.

Längst von der Straße verschwunden: Der Landbote mit seinem Wagen, der auch Waren von Ort zu Ort transportierte.

Wenn mein Vater auf Arbeit unterwegs war und wir nichts mehr zum Heizen hatten, schlich ich mit meinem Rucksack bei Nacht zum Bahnhof, um Kohlen zu besorgen. Besonders hart traf es die Stadtbevölkerung. Jede Familie musste mit drei Zentnern Kohlen auskommen. Pro Winter versteht sich. Die Notlage machte auch den ehrlichsten Menschen zum Kohlenklau. Ganze Kohlezüge wurden regelrecht geplündert. Schulen mussten teilweise wegen Kohlenmangel geschlossen werden. So genannte Wärmestuben wurden in manchen Großstädten eingerichtet. Auch wir Kinder mussten die ersten Winter je ein in Zeitungspapier gepacktes Brikett (Kohle) in den Kindergarten mitbringen.

Es herrschte in Deutschland eine unsagbare Not. Tausende von Menschen verhungerten und erfroren. Volksküchen wurden eingerichtet, um die schlimmste Not zu lindern. Die Notlage verschärfte sich 1946 dermaßen, dass der Berliner Magistrat beschloss, die städtischen Grünanlagen und Parks zur landwirtschaftlichen Nutzung freizugeben.

Die Lebensmittelrationen betrugen in Deutschland 1.500 Kalorien täglich und wurden teilweise auf tausend gekürzt. Vier von fünf Deutschen waren unterernährt. Schwindelanfälle und Magenkrämpfe gehörten zum Alltag. Weihnachten 1946 bekamen Familien mit Kindern je eine Kerze, einhundert Gramm Trockenfrüchte und eine Tüte Backpulver als Sonderzulage. Für die zugeteilten Lebensmittelmarken gab es nicht immer etwas zu kaufen. 1947 stellte die Ulmer Kriminalpolizei einen Mann, der gefälschte Lebensmittelmarken verkaufte.

Bei meinem Großvater, der in Ulm eine Bäckerei betrieb, saß am Sonntagnachmittag die ganze Familie zusammen und beklebte mit »Mehlbäb« alte Zeitungen mit den eingelösten Lebensmittelmarken, um damit wieder Mehl einzutauschen. Auch er litt unter dem Kohlenmangel und erhielt von der Stadt die Genehmigung, auf dem Oberberghof, wo heute die Ulmer Universität steht, Holz zu schlagen.

Und wie sich doch Zeiten ändern: Heute kann jeder Bundesbürger unter dreihundert verschiedenen Backwaren auswählen. Da klingen Aufzeichnungen aus der Nachkriegszeit wie Gräuelmärchen von einem anderen Planeten.

Wie schwer hatten es da erst die Menschen früherer Zeiten, als die Landwirtschaft noch reine Handarbeit war und Kunstdünger nicht zur Verfügung stand.

Doch werfen wir einmal einen Blick in die Chroniken der letzten Jahrhunderte. Der Mensch als Allesfresser ernährte sich in der Altsteinzeit noch von Insekten, Raupen, Regenwürmern, Blättern, Wurzeln, Beeren, Fischen, Wild – alles natürlich roh. Der erste große Schritt zum besseren Leben war die Nutzung des Feuers. Es wurde gegrillt auf Teufel komm raus und das hat sich bis heute nicht geändert. Dicke Menschen wurden beneidet und galten als erfolgreich. Und was habe ich schon gefastet, um meine Wohlstandskugel wieder in Form zu bringen – andere Zeiten, andere Sitten.

Angefangen hat der Schlankheitswahn übrigens im alten Ägypten. Erst als die Römer zweitausend Jahre später das Land am Nil eroberten, kam die mollige Frau wieder in Mode. Für das männliche Schönheitsideal standen die Griechen wie Zeus, Apollo oder Herkules Modell. Eine zu große Leibesfülle galt bei den alten Griechen als dekadent. Selbst der alte Sokrates soll jeden Morgen in seinem Garten geschwommen und gelaufen sein.

Die Römer dagegen galten als unersättliche Schlemmer und Faulpelze, die es sich selbst zum Essen auf ihrer Liege bequem machten. Die wohlhabenden Römer liebten »erlesene Leckereien« wie Lammmaul, Straußenkopf, gefüllte und in Honig gebackene Wein- und Feigenblätter, dazu gab es Drosseln und Nachtigallen – kein Wunder, dass unsere Singvögel lieber bei uns bleiben – und weiter ging es mit Wildesel und Störchen, nur die bei uns so geschätzten Gänse blieben außen vor, hatten sie doch durch ihr Geschnatter Rom vor einem Überfall gerettet und galten seither als heilig.

Die Armen, gemeint sind die Arbeiter und Tagelöhner, denen ein Strauß so fremd war, wie mir als Kind eine Orange, begnügten sich mit Getreide- und Gemüsebrei, Stockfisch und Oliven. Schon damals hieß es »wohl dem der hat«. Die größte Sorge der Römer – für Männer wie für Frauen – war, sie könnten abnehmen.

Was für eine begnadete Zeit, ein Traum für all die heute so verachteten Molligen und Dicken. Der Magere galt als arm oder krank. Mager galt bei den Herrschaften als verdächtig. Gingen womöglich die Geschäfte nicht mehr gut? Hatte er Schwierigkeiten, sich mit den notwendigen Fressalien einzudecken? Schlankheit konnte unter Umständen seine Kreditwürdigkeit in Frage stellen. Der dicke, korpulente, in seine weit wallende Toga gehüllte Römer erweckte Respekt und Vertrauen, zudem galt seine große Körperfülle als soziales Unterscheidungsmerkmal.

Doch jede Medaille hat zwei Seiten. Was die einen zu viel hatten, hatten die anderen zu wenig. Die Bettler, Vagabunden, Handlanger, Hausierer und Entrechteten stritten sich um die Brosamen der Reichen. So galt es im Spätmittelalter als eine große Gnade und Ehre, in einem der vielen Klöster Unterschlupf zu finden. Denn hier war der Tisch immer reichlich gedeckt. Der liebe Gott sorgt für die seinen – das war und ist eine alte Weisheit. Dem Diener des Herrn standen täglich vier Pfund Brot und zwei Pfund Fleisch zu. Und zum Hinunterspülen der Götterspeisen bekam er zweieinhalb Liter Wein. Natürlich gab es auch Käse, Gemüse und Eier zur Abwechslung. Vor der jährlichen Weinlese wurde diesen Wonnepropfen noch eine zusätzliche Anstrengung abverlangt. Das heißt im Klartext: Sämtliche Weinvorräte aus dem Vorjahr mussten vertilgt werden.

So sorgten Könige und Herzöge für das leibliche Wohl des Klerus. Dieser wiederum wusste das Wohlwollen seiner Gönner wohl zu schätzen und unterstützte die Feudalherren in ihrer Politik der Unterdrückung und Ausbeutung der Bauern. Streit bekamen sie höchstens bei der Aufteilung des Zehnten und der anderen Pfründen. Um die wachsende Bevölkerung satt zu bekommen, und das ohne großen Fleischverzehr, begann die Kirche damit, die Fastentage konsequent zu erhöhen. Bei Verletzung dieser Regeln war mit schweren kirchlichen Strafen zu rechnen. Wohl dem, der damals im Kloster lebte. Denn dort wurde das saftig gebratene Spanferkel kurz und schmerzlos in ein Fischlein umgetauft oder das Fleisch wurde zerkleinert und zu einem Fisch geformt, denn das Wassergetier durfte ja verspeist werden. Und so sorgte der liebe Gott für die seinen und drückte wieder einmal ein Auge zu. Dem Volk überließ man die Weinbergschnecken und anderes Getier als Fastenspeise. In Ulm und drum herum legten sich die Menschen so genannte »Schneckengärtlein« an, um diese appetitlichen Tierchen zu züchten. Im großen Stil wurden die Schnecken im Lautertal auf der Schwäbischen Alb gezogen, wo sie in speziell angelegten »Endiviensalatäckern« gezüchtet wurden, um sie dann nach Ulm zu verkaufen. Jährlich konnten in Ulm

400.000 Schnecken, in Fässern verpackt, ins Ausland verkauft werden. Der größte Abnehmer war lange Zeit Wien, wo sie als »Ulmer Austern« sehr geschätzt wurden.

Diese Beispiele sollen zeigen, dass die Oberschicht der Frühzeit recht gut zu leben wusste und zwar meist im Überfluss. Die Armen, und das waren über neunzig Prozent der Bevölkerung, kannten diese Völlerei nur vom Hörensagen. Das Leben der Normalbürger war ärmlich und hart. Kamen noch Kriege, Seuchen oder Klimaschwankungen dazu, zog der Hunger durch das Land.

Seit Mitte des 16. Jahrhunderts spielte Fleisch im Ernährungsplan der Unterschicht eine immer geringere Rolle. Getreide in jeder Form wurde das Hauptnahrungsmittel. So entfielen vierzig Prozent des Lohnes eines Arbeiters allein auf den Brotkauf. Die Geburtenfreudigkeit jener Zeit und damit die Bevölkerungsexplosion trieben die Getreidepreise in die Höhe und Hunger war für viele Unterprivilegierte ein Dauerzustand.

Misstrauisch beäugt wurden stets die Berufsgruppen der Mehl- und Kornhändler, Müller und Bäcker. Standen sie doch zwischen Acker und Brot. Besonders die Müller lebten oft am Rande der Ehrbarkeit und wurden von den restlichen Zünften nicht selten gemieden. So warf man ihnen vor, gemahlenen Kalk, Sand, Asche, Saubohnen und Schlemmkreide, ja sogar gemahlene Knochen unter das Mehl zu mischen.

Da mit dem Mehl »arg Schendluader trieba wora isch«, verordnete 1786 Herzog Johann Friedrich von Württemberg den Herrn des Mehles eine »Bäcker- und Brotbeschauungsordnung«, in der darauf hingewiesen wird, dass es unter strengster Strafe verboten ist, Mehl zu verfälschen.

Wir sehen, der Spruch »ond wer net bscheißt, der kommt zu nix« war sicher schon früher bekannt. Und manche Müller sollen wirklich kriminelle Methoden angewandt haben, wie folgende Auszüge aus einer Müllerordnung belegen:

- Wenn sie an verborgenen und bedeckten Orten heimliche Nebenbeutel führen, wodurch das Mehl auf die Seiten in ihre Diebslöcher fällt.

- Wenn sie unvermercket zweyerley Gemäß führen, ein grosses zum Einnehmen und ein kleines zum Ausgeben.

- Wenn sie das schöne Mehl in dem Mehl-Kasten mit der höltzernen Mühl-Schauffel gantz sachte rühren und auflockern, und sodann in das Maaß schütten, dass es bald voll werde.

- Wenn sie verschiedene Wind-Löcher in ihren Mühlen haben, auch die Früchte nicht recht netzen, dass das Mehl vom Wind, und durch die Trockene verstiebet, welches hernach dem Müller, der solches fleißig zusammen kehret, zu gut kömmt.

- Wenn sie unter dem Mühlstein ein wenig lüften, und gegen den eisernen Hedel aufheben, da dann immerzu etwas von Früchten auf dem Boden, und ihnen zufällt.

- Wenn sie den Mühlstein unten aushöhlen, und oben durch ein Loch machen, dasselbe aber nachgehends verstopfen, bis sie bey ihrer Gelegenheit es können öffnen, und das in solche unten gemachte Höhle gestohlene Mehl heraus langen.

- Wenn sie bey der Unruhe derer Mühl-Beutel inwendig in den Mehl-Kasten doppelte Bretter oder Böden machen, worinnen sich das Mehl verbergen kann.

- Wenn sie denen Mühl-Gästen ihr gutes Geträyd gegen schlechtes vertauschen.

- Wenn sie einen groben Beutel vorhängen und einen guten Part hinter den Rumpf lauffen lassen.

- Wenn sie die Säcke verwechseln, und vor die neue, alte zerrissene hergeben.

- Wenn sie ein Loch in den Rumpf oder Kasten machen, dadurch so viel Schrot fällt, dass sie Jahr aus Jahr ein ihre Schweine davon mästen können.

- Wenn sie Rinden von gewissen Bäumen mahlen, solche nebst Kalch u.d.g. unters Mehl mischen, und es gleichwol vor pures Mehl verkaufen, oder ihren Mühl-Gästen nach Hause schicken.

Doch Gottes Mühlen mahlen langsam, aber sicher und so wurden auch diese Mehlbescheisser erwischt. Jeder versuchte, von dem immer kleiner werdenden Kuchen einen Teil abzuzwacken und scheute dabei auch nicht davor zurück, kriminelle Methoden anzuwenden. Die Albbauern steckten ihre Wiesen- und Ackergrenzen mit Zweigen und Prügeln ab, auf dass der Nachbar ja kein Hälmlein zu viel abbekam. Das schlimmste Vergehen war wohl, wenn einer heimlich die Marksteine versetzte.

Schlechtwetterperioden waren, neben Kriegen und der Pest, der größte Feind unserer Vorfahren. Alte Aufzeichnungen von 1315 berichten von verregneten Sommern und eiskalten Wintern – Hungersnöte, wo man hinsah. Es kam zu den ersten Bauernaufständen. Schon ausführlicher berichten Chronisten von der Hungerkatastrophe von 1770/71. Bedingt durch die schlechten Witterungsverhältnisse kam es in weiten Teilen Europas zu Missernten. Die Saat ersoff förmlich im Wasser. Die Getreidepreise stiegen in ungeahnte Höhen. Die Getreidespekulanten machten Riesengewinne. Selbst die Bauern nagten am Hungertuch und entließen nicht selten ihre Knechte und Mägde von ihren Höfen.

Wurzeln und Gräser, Vögel aller Art, mit Leimruten und Netzen gefangen, stillten den schlimmsten Hunger.

Der Magistrat von Ulm verbot, heimlich Getreide auszuführen, dazu kam ein Verbot des Branntweinbrennens. Eine katastrophale Holzknappheit und Verteuerung trieb die Menschen in der Stadt in den Ruin. Während das Volk »schnarrmaulte«, führten der Adel und die Patrizier in Ulm ein Leben wie »Gott in Frankreich« und noch heute werden ihre Kunstsammlungen, Schlösser und Kirchen bewundert. Der 1617 geborene Christoph Weickmann, ein Spross reicher Ulmer, konnte es sich leisten, in seinem Garten Tulpen zu züchten. Man spricht von fünfhundert verschiedenen Sorten. Er organisierte auch Konzerte und war ein großer Kunstsammler. Aber es wurde auch an die Armen gedacht. Die Oberschicht richtete Stiftungen ein, die für ihr Seelenheil sorgten.

Generationen später stürzte eine nie da gewesene Klimakatastrophe – 1816/17 – die Menschen erneut ins Unglück. Bereits Jahre davor hatten verregnete Sommer für erhebliche Ernteeinbußen gesorgt. Heute spricht man von der kleinen Eiszeit. Regen, Hagel, Kälte, ja sogar Schneefälle ließen das Korn nur kümmerlich wachsen. Fäulnis und Getreiderost besorgten den Rest. Erst im Oktober konnte die klägliche Ernte eingefahren werden. Die Missernten führten zu drastischen Preissteigerungen. Das Totenläuten wollte kein Ende nehmen. Besonders Kinder und Alte waren die Opfer. Brennnesselgemüse und halbverfaulte Kartoffeln kamen auf den Tisch. Das Brot wurde aus Kleie, gemahlenem Stroh, Heublumen und Biermalz gebacken. Das Vieh musste aus Mangel an Futter notgeschlachtet werden. Rüben und Kohlrüben aßen die Bauern selbst. Auf den Äckern wurden Mausgänge und Nester ausgegraben und man staunte über die Menge der dort eingelagerten Körner. Nicht umsonst war der Dinkel bei unseren Altvorderen so geschätzt. Der dreifache Spelz schützte ihn vor Vogelfraß und Fäulnis. In Notzeiten wurde er grün geerntet und im Ofen »gedarrt« (Grünkern). Kein Getreide war so robust und widerstand dem schlechten Klima so gut wie der Dinkel.

Die schwere Hungersnot 1816/17 führte in Württemberg erstmals zur Einrichtung von Suppenküchen, in denen gegen wenig Geld oder umsonst eine warme Mahlzeit zu haben war.

In Ulm zogen Bettler, meist Kinder, durch die Stadt. Eine Chronik berichtet von über hundert Kindern, die am Samstag die Bäckereien und Wirtschaften bestürmten und auch bestahlen. Im Herbst 1816 wurde auf dem Judenhof die erste Ulmer Suppenküche für die Armen eröffnet.

Die Regierung in Stuttgart reagierte mit Verzögerung auf die Hungersnot. Erst im Januar 1817 wurden die ersten Maßnahmen ergriffen, nachdem die Bevölkerung massenweise das Land verließ, um auszuwandern. Um das Leiden einzuschränken, ließ der Ulmer Magistrat verbilligtes Getreide ausgeben und täglich zweipfündiges Brot an die Armen verkaufen. Die Bürger bekamen nun gegen Vorlage von Lebensmittelmarken die vorgeschriebene Menge Brot.

Trotz weit verbreiteten Misstrauens gegen Neuerungen – *was dr Baur net kennt, des frisst'r net* – stieg der Kartoffelanbau kontinuierlich an. 1816 wurden in Preußen bereits 930.000 Tonnen der

Wunderknolle geerntet. 1840 lag die Ernte schon bei fünf bis sechs Millionen Tonnen und hatte damit bereits die Getreideproduktion überflügelt. Nach dem Einzug der Eisenbahn und der damit verbundenen besseren Transportmöglichkeiten waren die Zeiten der großen Hungersnöte vorbei.

DIE BETTLER

Schon in der vorchristlichen Antike waren die Bettler ein Bestandteil des öffentlichen Lebens. Der griechische Dichter Homer spricht von hoher Achtung vor Fremden und Bettlern, die nach altem griechischem Glauben »von Gott herkommen« und nicht schlecht behandelt werden dürfen. Plato schlug später vor, die erwerbslosen Armen wie »eine dem Staat angeborene Krankheit möglichst wohlwollend fortzuschicken«. Wobei wir hier der unangenehmen Wahrheit wohl am nächsten kommen. Eine entscheidende Wende in der Versorgung der Armen und Bettler brachte die Verbreitung christlicher Lehren. Christus machte die Reichen wiederholt für das Los der Ärmsten verantwortlich. Denn nach seinen Worten dürfen die Besitzenden erst auf das Erbarmen Gottes hoffen, wenn sie zuvor den Notleidenden Barmherzigkeit erwiesen haben. Viele Christen folgten seinen Worten, besonders die Klöster gingen mit gutem Beispiel voran.

Für viele der Ärmsten waren die mildtätigen Gaben aber nur ein Tropfen auf den heißen Stein. Die Reichen und Mächtigen richteten »Stiftertage« ein, wie das Reichskloster in Weingarten im März und November. Im Kloster Elchingen gab es den so genannten »Laiblesmittwoch«. Aber es waren oft nur einmalige Demonstrationen der Barmherzigkeit, um das schlechte Gewissen etwas zu entlasten. Seit dem 15. Jahrhundert lässt sich das Anwachsen der Zahl der Armen verstärkt feststellen. Immer mehr notleidende

Menschen begannen, öffentlich zu betteln. Es gab auch fremde Bettler, so genannte »Jakobsbrüder«, die mit Heiligenfahnen singend durch die Straßen zogen und Almosen zu Ehren der Heiligen erbaten. Scharen von Bettlern lagerten vor den Kirchen und bettelten um milde Gaben. Einheimische Bettler gingen von Haus zu Haus, begleitet vom »Seelenmeister«, der verbürgte, dass dies alles mit dem Einverständnis des Rates geschah.

Im 17. Jahrhundert kamen viele Bauern, Knechte und Mägde durch Kriege, Unwetter und schlechte Ernten an den Bettelstab und pilgerten nun scharenweise in der Hoffnung durchs Land,

Eine waghalsige Möglichkeit, der Armut zu entfliehen: Eine oberschwäbische Räuberbande plant einen Raubzug. Der Maler Johann Baptist Pflug stellte im 19. Jahrhundert viele solcher Szenen dar.

Von Armut bedroht waren vor allem alte und kranke Menschen. Die Unterstützung durch die Gemeinde reichte nur selten aus, weshalb sie zum eigentlich verbotenen Betteln gezwungen waren.

irgendwo etwas Essbares aufzutreiben. Im Kloster Zwiefalten zählte man an einem Tag 137 Bettler, denen bis zu sechzig vierpfündige Brote gereicht wurden. Im Jahr 1713 steigerte sich die Armut und die damit verbundene Bettelei ins Bedrohliche. Allein im Kloster Zwiefalten mussten täglich bis zu achthundert Hungernde versorgt werden. Nur ein Drittel der Bevölkerung hatte das nötige Auskommen. Ein weiteres Drittel waren Handwerker mit Minimaleinkommen und das restliche Drittel waren die Bettler.

Die wohlhabenden Reichsstädte wie zum Beispiel Ulm zogen die Bettler geradezu magisch an. Um sich vor den scharenweise einfallenden Bettlern zu schützen, wurden strenge Verordnungen erlassen. Laut der Almosenverordnung vom 3. April 1528 hatte die Stadt Ulm selbst sieben- bis neunhundert Arme und Bettler. Zu ihrer Unterstützung wurden im Münster und an den anderen Kirchentüren Opferstöcke aufgestellt, um einmal in der Woche Geld- und Sachspenden für sie zu sammeln. Die Verteilung oblag den »dreizehn Bettelherren« – fünf vom Rat und acht außerhalb des Rats.

Gestützt auf diese Fürsorgemaßnahmen, die auch eine Überweisung der Kranken ins Spital vorsahen, glaubte der Rat, den offenen Bettel endgültig verbieten zu können. Fremde Bettler bekamen nun im Spital lediglich eine oder zwei Mahlzeiten. Danach hatten sie die Stadt wieder zu verlassen. Nur solchen Armen stand im Notfall das Betteln zu, die durch ein besonderes Zeichen auf ihren Kleidern die Berechtigung dazu erhalten hatten. Noch heute erinnert der Ausruf »Heiligs Blechle« oder »Schlag mers Blechle« an die Bettelzeichen aus früheren Zeiten.

Der Spruch »an den Bettelstab gebracht« stammt auch aus diesen finsteren Zeiten. Der weiße Stock hat eine ziemlich bedrückende Geschichte. In den Kriegen war der »weiße Stab« ein Zeichen der Unterwerfung und im Alltag ein Zeichen der Ausgrenzung und der Rechtlosigkeit. Die Ärmsten, die oft ihre Gemeinde verlassen mussten, zogen mit dem weißen Stock, der ihnen das Recht auf Almosen verbürgte, von Dorf zu Dorf.

Ein Geistlicher aus dieser Zeit schrieb: »Ein Strom von Fremden zieht ständig durchs Dorf, Schwemmgut des großen Krieges (Dreißigjähriger Krieg, 1618 bis 1648) recht und unrechte, verarmte und verkommene Menschen. Das Bettelhaus ist ständig überfüllt und fällt der Gemeinde zur Last. Manche sterben an der Straße oder auf der Bettelfuhr auf dem Weg in die nächste Gemeinde, wo sie eine Nacht bleiben können, um dann zur nächsten befördert zu werden.«

Viele Familien waren im 19. Jahrhundert gezwungen, sich durch Bettelei zu ernähren. Besonders Kinder wurden gerne an die Haustüren geschickt, um Brot zu erbitten.

Der Anspruch der Kirche, einem jeden sein Recht zu geben, konnte nie eingelöst werden. Menschliches Versagen, Krankheiten und Seuchen, Hunger und Kriege standen dem im Wege. Die Feudalherren und die Kirche hatten das Monopol auf Grund und Boden. Es gab die Herrschenden und die Dienenden.

Der Geist des Kapitalismus entwarf nach und nach seine eigene Wert- und Weltordnung und riss die alten Schranken christlicher Moral nieder. Teilweise wurden riesige Vermögen angehäuft. Denken wir nur an die Fugger in Augsburg. Mit ihrem Ablassbriefhandel, auf den sie vom Heiligen Stuhl in Rom das Monopol erhielten, füllte sich ihr Geldsäckel in ungeahnter Weise. Die Fugger gingen dabei mit ihrer Privatarmee so rigoros gegen die aufgebrachten Bauern vor, dass es immer wieder zu Unruhen kam. Um dem entgegenzutreten, verpflichtete der Papst seinen so aufopfernden Geschäftsfreund und Sammler von heiligem Opfergeld zum Bau von billigen Arbeitersiedlungen in Augsburg, die heute noch zu bestaunen sind und als erste Sozialwohnung der Geschichte vorgeführt werden. Nachdem dem Ruf der Fugger und der Kirche als mildtätigen Herren Genüge getan war, stand dem weiteren Verkauf der lukrativen Papiere nichts mehr im Wege und er wurde auf andere Länder ausgedehnt.

Die Überhandnahme der Bettelei war den Herrschenden immer mehr ein Dorn im Auge. Ein »Patent« der reichserbtruchsessischen gräflich Wolfegg-Waldburgischen Oberkanzlei vom 17. Dezember 1757 verkündete, dass fremde Bettler in ihr eigenes Vaterland zurückgewiesen werden müssen. Die Gewährung einer Nachtherberge wurde unter Strafe verboten. Wer beim Betteln ertappt wurde, kam ins Zuchthaus nach Ravensburg. Wiederholte Festnahmen hatten empfindliche Leibstrafen zur Folge. Auf Warntafeln an Landstraßen war zu lesen: »Der fremde Bettel ist bei Zuchthausstrafe verboten.« Schluss war es mit der Barmherzigkeit und Mildtätigkeit. Viele der unschuldig verarmten und zum Betteln gezwungenen Menschen wurden kriminell und mit der Parole »Brot oder tot« schlossen sie sich zu Wegelagererbanden zusammen und wurden gewalttätig.

Die Bettelordnung von Kirchberg, 1582, berichtet von entlassenen Soldaten, Landfahrern, alten und jungen Bettlern, die in ganzen Haufen auftraten und drohten, die Häuser anzuzünden, wenn sie nichts bekämen. Die Räuberbanden klauten, was das Zeug hielt, und zwar Tag und Nacht. In Rammingen, in der Nähe von Ulm, musste jeder Untertan ein Seitengewehr tragen, um sich und seine Familie zu schützen.

Verschiedene Herrschaften richteten nun Streifen ein, um »herrenloses Gesindel« aufzuspüren und aus dem Lande zu treiben. Bei der geringen Größe der einzelnen Latifundien waren das oft nur wenige Kilometer. Bei wiederholtem Antreffen drohte die

Galeerenstrafe und wer dafür nicht tauglich war, wurde mit Ruten »ausgehauen«. Eine alte Steuerrechnung aus Ehingen weist darauf hin, dass bei einer Streife »zehn Schnapphähne« aufgegriffen und 1701 und 1705 hingerichtet wurden.

Gegen Ende des 18. Jahrhunderts machte der »Malefizschenk«, Franz Ludwig Schenk von Kastell, Reichsgraf zu Oberdischingen, von sich reden. Gegen gebührliche Bezahlung erklärte er sich bereit, die Gesetzesbrecher einzufangen. Insgesamt führte er etwa vierzig Delinquenten dem Henker zu. Dafür zündeten die Hinterbliebenen das Schloss des verhassten Menschenjägers an.

In den Dörfern wurde die »Sonntags- bzw. Kirchwache« eingeführt. Um sich vor Einbrechern, Bränden und anderen Gefahren zu schützen, wurden reihum die Bauern aufgerufen, mit einer Hellebarde bewaffnet, während des Gottesdienstes für Ordnung zu sorgen. Danach wurde die Hellebarde zum nächsten Bauern getragen, auf dass er das Dorf beschütze. Der Kampf gegen das Betteln führte im 18. Jahrhundert zur Einrichtung von Zucht- und Arbeitshäusern. Die Leitung oblag einem Zuchtmeister, einer Zuchtmutter und einem Zuchtknecht. Da läuft es einem ja schon beim Schreiben kalt den Rücken runter. Und so war es auch, denn jeder Eingelieferte bekam als »Willkommensgruß« eine Tracht Prügel – dasselbe widerfuhr ihm beim Abschied.

Ich erinnere mich gut an die Nachsitzstrafen in der Schule und die trostspendenden Worte meines Klassenlehrers: »Nicht zur Strafe, nur zur Übung«. Seine Tatzen und Hosenspanner verabreichte er mit derselben freundlichen Miene.

Und geprügelt wurde früher reichlich. Ein Mann, der seine Frau schlecht behandelte, erhielt im Zuchthaus zwei Mal wöchentlich Prügel. Zwei Jahre später hieß es, er sei »brav abgebrigelt« worden. Also hatte er seine Lektion wohl begriffen. Zum Empfang einer Frau mit so genanntem leichtfertigen Lebenswandel gab es »zwölf wohlempfindliche Streiche« – an jedem Freitagabend folgten sechs weitere. Bald waren diese Häuser gefürchteter als die Galeerenstrafe. Erst im neuen Königreich Württemberg, Anfang des 19. Jahrhunderts, wurden diese Zuchthäuser dann endgültig geschlossen.

Doch genug der Scheußlichkeiten. Lauschen wir zum Abschluss noch der Verse und Sprüche, die diese makabre Zeit widerspiegeln. Nach dem Motto: »Wer den Schaden hat, braucht für den Spott nicht sorgen«.

Liabr a Kloid flicka, als ois bettla.

Mir hent nix als was mr bettlat ond schtehlat.

Älles got zom bettla bis auf da Pfarrer
ond da Schultes ond dia hent koine Schuah a.

An rechta Bettler kennt mr am Sack.

Jonge Schlemmer gebat oft alte Bettler.

Der hot a Gosch wia sieba Bettler.

Heit isch so kalt,
dass d' Bettler 's Vaddronser tanzat.

Der macht Schritt,
wia d' Bettler an dr Kirbe.

's braucht viel bis ma d' Herra
ond d' Bettler vrhalta hot.

Besser an gscheita Bettler,
als an narrada König.

Der ischz' blöd zom Bettla,
der schtoht henterschefir vors Haus na.

Wer friah gnuag zom Bettla afangt,
schtirbt selta arm.

's dauert lang bis ma Bettler isch
ond no isch mr erscht nix.

Dr Geiz ond dr Bettelsack send boide bodalos.

Wer d' Leit ond da Weg kennt, hot guat bettla.

Des isch so a richtiger Betteleintopf, von jedem Haus an Bissa dren.

Verbot des Gassenbettelns in Ulm von 1786

Demnach Ein Hochedler und Hochweiser Rath dieser des H. Reichs-Stadt Ulm, dem einige Zeit her aufs neue wiederum stark eingerissenen, den Einheimischen sowohl als Fremden, höchstbeschwerlichen Gassenbettel, mit Ernst abgestellt wissen will, und daher zu dessen Abtreibung bereits zerschieden nöthige Anstalten getroffen; Als wird hiemit öffentlich bekannt gemacht, daß alle auswärtige Bettler und Landläufer ohne Ausnahme, wes Standes oder Alters sie sind, und wo immer sie sich befinden, aus disseitiger Stadt und Herrschaft bis den ersten November dieses Jahrs sich hinweg begeben sollen, widrigenfalls diejenige, welche sich nach Verfluß dieser Zeit ob dem Bettel betretten liessen, zu gewarten haben sollen, daß sie zur wohlverdienten Straf in das hiesige Zucht-Haus eingeliefert, und darinn zur fleißigen Arbeit mit allem Ernst werden angehalten werden. Wornach sich also zu achten.
Decretum in Senatu Ulmensi, Freytags, den 22ten September 1786.

Arnim, Hans Herbert von: Vom schönen Schein der Demokratie, Politik ohne Verantwortung – am Volk vorbei, München 2000.

Barczyk, Michael: Die Spitzbubenchronik, oberschwäbische Räuberbanden, Wahrheit und Legende, Ravensburg 1982.

Bartholomä, Wolf D. u. Eisele, Karl Friedrich: Bäuerliches Leben im 19. Jahrhundert, Wolfegger Blätter 1, Stuttgart 1984.

Beiträge zur Volkskunde in Baden-Württemberg, Bd. 2, hg. von der Landesstelle für Volkskunde Freiburg, Stuttgart 1987.

Beschreibung des Oberamtes Münsingen, hg. vom köngl. Statistischen Bureau, Stuttgart 1825.

Beschreibung des Oberamts Ulm, hg. vom köngl. Statistischen Bureau, Stuttgart 1836.

Bischoff-Luithlen, Angelika: Gruorn, Ein Dorf und sein Ende, Stuttgart 1967.

Braudel, Fernand: Sozialgeschichte des 15. - 18. Jahrhunderts, Bd. 1, Der Alltag, Berlin 1985.

Broy, Erich: Leipheim, Heimatbuch einer schwäbischen Stadt an der Donau, Weissenhorn 1991.

Die Donauschwaben, hg. vom Innenministerium Baden-Württemberg, Sigmaringen 1987.

Donnert, Erich: Rußland (860 - 1917), von den Anfängen bis zum Ende der Zarenzeit, Regensburg 1998.

Fischer, Hermann: Schwäbisches Wörterbuch, Tübingen o.J.

Gröber, Karl: Schwaben, Deutsche Volkskunst, Frankfurt/Main 1925.

Haid, Johann Herkules: Geografie und Naturgeschichte von Ulm und seinem Gebiete, Ulm 1786.

Haldenwang, Hasso von: Die Jenischen, Erinnerungen an die Wildensteiner Hausierhändler, Crailsheim 1999.

Hindennach, Christian: Die Schindelmacher von Busenweiler, o.O.u.J.

Höhn, Karl: Ulmer Bilder-Chronik, Ulm 1931.

Der Kreis Reutlingen, Heimat und Arbeit, hg. von Gerhard Müller, Stuttgart u. Aalen 1975.

Kügler, Dietmar: Die Deutschen in Amerika, Die Geschichte der deutschen Auswanderung seit 1683, Stuttgart 1983.

Kühnel, Harry: Alltag im Spätmittelalter, Graz 1984.

Lämmle, August: Die Reise ins Schwabenland, Stuttgart 1949.

Link, Otto: Vom Stubensandstein und vom Stubensand, o.O.u.J.

Moltmann, Günter: Aufbruch nach Amerika, Friedrich List und die Auswanderung aus Baden und Württemberg 1816/17, Tübingen 1979.

Münsingen, Geschichte, Landschaft und Kultur, hg. von der Stadt Münsingen, Sigmaringen 1982.

Nagel, Adalbert: Armut im Barock, die Kehrseite einer glanzvollen Epoche, Ravensburg 1986.

Ott, Wilfried: Ich bin ein freier Wildbretschütz, Geschichte und Geschichten um die Wilderei, Leinfelden-Echterdingen 2000.

Pallach, Ulrich-Christian (Hg.): Hunger, Quellen zu einem Alltagsproblem seit dem Dreißigjährigen Krieg, München 1986.

Pölnitz, Götz von: Die Fugger, Frankfurt/Main 1960.

Puchner, Günter: Kundenschall, das Gekasper der Kirschenpflücker im Winter, 1976.

Reinhardt, Lolo: Überwintern, Jugenderinnerungen eines schwäbischen Zigeuners, Gerlingen 1999.

Rose, Emily C.: Als Moises Kaz seine Stadt vor Napoleon rettete, Stuttgart 1999.

Schmidt, Uwe: Die Geschichte der Stadt Langenau von den Römern bis heute, Stuttgart 2000.

Schwäbische Ofenwandplättchen, hg. i. A. der staatlichen Ämter für Denkmalpflege in Baden-Württemberg, 1971.

Setzler, Wilfried u. Rinker, Reiner (Hg.): Die Geschichte Baden-Württembergs, Stuttgart 1986.

Sonnenberg, Gerhard: Lützenhardt, 1140-1974, Waldachtal 1980.

Spies, Gerd: Hafner und Hafnerhandwerk in Südwestdeutschland, Tübingen 1964.

Treu, Erwin: Alb-Donau-Kreis, Geschichte und Kultur, Ulm 1981.

Weithmann, Michael W.: Die Donau, ein europäischer Fluss und seine 3000-jährige Geschichte, Regensburg 2000.

Weller, Arnold: Sozialgeschichte Südwestdeutschlands, Unter Berücksichtigung der sozialen und karitativen Arbeit vom späten Mittelalter bis zur Gegenwart, Stuttgart 1979.

Wiedermann, Fritz: Bänkelsänger und ihre Moritaten, o.O.u.J.

Bildnachweis

aus: Das Ludwig Richter Album, Bd. 2, Herrsching o.J.: S. 39

aus: von Dombrowski, Raul: Das Wildern, dessen verschiedene Arten und wirksame Bekämpfung, Cöthen 1894: S. 30

Forstdirektion Tübingen: S. 21, 22

Hauptstaatsarchiv Stuttgart: S. 35

Kreisarchiv Tuttlingen: S. 42, 43, 72

Landesmedienzentrum Baden-Württemberg, Stuttgart: S. 13, 16, 17, 18, 20, 27, 33, 52, 61, 64, 67, 71, 89, 91, 92, 126, 127, 137, 144, 148, 149, 151

Landesstelle für Volkskunde Baden-Württemberg, Stuttgart: S. 45

Siegfried Ruoß, Ulm: S. 115, 122

aus: Stadt Reutlingen (Hg.): Die Gönninger – »ein Völklein frisch belebt«, Geschichte und Gegenwart eines Reutlinger Stadbezirks, Reutlingen 1992: S. 56

Stadtarchiv Langenau: S. 78

Stadtarchiv Münsingen: S. 79, 81, 83

Stadtarchiv Villingen-Schwenningen: S. 47, 48, 59